悦读中国

Enjoy Reading China

曹秀玲 主编

学林出版社

C O N T E N T S

《悦读中国》目录

经济篇

民生篇

CONTENTS

《悦读中国》目录

教育篇

科技篇

文化篇

1 经济篇

移动支付成“C位[①]”

“你扫我？”“我扫你？”听到这样的对话，大家不要惊讶。这个“扫”并不是“打扫、扫地”的意思，而是顾客用手机“扫描”一下对方手机或商铺展示的二维码，就可以完成一笔转账交易。除了“扫一扫”，还有密码支付、指纹支付、面部识别支付……只用一部手机就可以完成电子货币支付，这就是当下使用非常广泛的“移动支付”。

移动支付源起于日本，中国庞大的人口数量和市场使这一支付方式得以快速推广。短短几年时间，移动支付就已覆盖中国百姓生活的各个领域，甚至在很大程度上改变了传统的支

① C位：网络流行语，英文Carry或Center的意译，“核心位置”的意思，也表示具有重要作用。

付方式。你能想象吗？在中国，人们不带现金就可以逛街购买商品，不用去营业厅就可以进行话费充值，不用去银行就可以完成转账业务。不仅如此，还可以用手机扫码出行，轻松坐地铁、公交；用手机提前购买电影票、火车票、飞机票，告别钱包和银行卡。这在以往简直是不可思议的，买东西再也不用担心没带钱，随时随地就可以完成支付，而且出门再也不用担心现金的安全了。

移动支付还极大地改变了中国人的生活方式，人们越来越习惯于网络购物、享受强大的互联网服务，越来越追求便捷与效率，移动支付是中国经济和互联网技术发展的缩影。

［生词］

1. 移动 yídòng	（形）	mobile
2. 支付 zhīfù	（名）	payment
3. 惊讶 jīngyà	（形）	surprised
4. 扫描 sǎomiáo	（动）	to scan
5. 二维码 èrwéimǎ	（名）	QR code
6. 转账 zhuǎnzhàng	（名）	fund transfer
7. 交易 jiāoyì	（名）	transaction
8. 面部识别 miànbùshíbié	（短语）	facial recognition
9. 推广 tuīguǎng	（动）	to popularize
10. 覆盖 fùgài	（动）	to cover
11. 领域 lǐngyù	（名）	areas
12. 传统 chuántǒng	（形）	traditional

13. 逛街 guàngjiē	（动）	to go window-shopping
14. 充值 chōngzhí	（动）	to recharge
15. 不可思议 bùkěsīyì	（成语）	unbelievable
16. 便捷 biànjié	（名）	convenience
17. 效率 xiàolǜ	（名）	efficiency
18. 缩影 suōyǐng	（名）	epitome

双十一，你买买买了吗？

说起购物狂欢节，美国有“黑色星期五[①]”，英国、加拿大有“节礼日[②]”，日本有“东京涩谷购物节”，而“双十一”，就是中国的购物狂欢节。

“双十一”源起于中国大学校园的单身文化，数字“1”可以代表一个人，因此年轻人认为每年的11月11日这一天最能代表“单身”。单身者往往会在这一天组织聚会，渐渐地在校园里成为一种文化现象，这一天还被戏称为“单身节”或“光棍节”[③]。

---

① 黑色星期五：美国的网络促销活动，多放在感恩节后的星期五举行。

② 节礼日：Boxing Day 英联邦部分地区以及一些欧洲国家庆祝的节日，在这一天，许多商家会推出商品减价活动。

③ 光棍节：每年的11月11日，因数字“1”形状像棍子在汉语中喻指单身汉。

后来这种现象逐渐被社会大众所熟知，便形成了一个非正式的趣味性节日。每年“双十一”正值秋冬之交，是添置新衣新物的时候，以阿里巴巴为首的电子商务平台就以此为契机，率先在2009年11月11日举办线上促销活动，取得了超乎预期的销售效果。从此，“双十一购物节”一炮而红，成为各大电商平台每年都会举办的线上促销活动日。在强大的销售力推动下，这个购物节很快从线上扩展到线下，成为一个全民性的“双十一购物狂欢节”。

在“双十一”当天，线上线下的许多商品都会降价、打折促销，各大电商平台还会发放各种优惠券。年轻人通常会在11月11日到来之前浏览各大电商App[①]，淘宝、天猫、京东、苏宁易购[②]等，挑选好自己心仪的物品、领取店铺优惠券，等到11日零点开始抢购，以便获得最大的折扣和优惠。如果你对网络购物还不太熟悉或者不适应，还可以参与线下实体店铺的促销活动，也很实惠。近几年来，受到超乎想象的营业额和销量的鼓舞，“双十一购物狂欢节”的持续时间甚至延长到一周以上，促销的商品更是品种多样、数不胜数，涵盖食品、服饰、美妆、电子产品、日用品等各个领域。如果你有心仪的东西，可以提前添加到购物车或购物清单里，“双十一”期间进行抢购，能省不少钱呢！

---

① App：是Application的简写形式，用于指智能手机的第三方应用程序。

② 淘宝、天猫、京东、苏宁易购：是目前中国规模较大的网络零售平台。

[生词]

1. 狂欢节 kuánghuānjié	（名）	carnival
2. 光棍节 guānggùnjié	（名）	Singles' Day
3. 逐渐 zhújiàn	（副）	gradually
4. 趣味性 qùwèixìng	（形）	fun
5. 添置 tiānzhì	（动）	to purchase
6. 契机 qìjī	（名）	opportunity
7. 促销 cùxiāo	（动）	to promote
8. 销售 xiāoshòu	（名）	sales
9. 一炮而红 yīpàoérhóng	（成语）	become a hit
10. 优惠券 yōuhuìquàn	（名）	coupons
11. 折扣 zhékòu	（名）	discount
12. 实体 shítǐ	（名）	offline/physical
13. 抢购 qiǎnggòu	（动）	to rush to buy
14. 鼓舞 gǔwǔ	（动）	to encourage
15. 数不胜数 shǔbùshèngshǔ	（成语）	countless
16. 心仪 xīnyí	（动）	to prefer

直播间购物正当时

“各位请稍等，我先去直播间抢个口红！”“对了，你们有需要购买的东西吗？可以进直播间看看，不仅能享受免费的导购服务，还有优惠活动哦！”

直播间是什么？所谓直播间，就是以直播技术为核心的即时性网络平台。在直播间不仅能享受主播对商品的导购服务，还可以享受限时促销优惠。主播一边解说一边和观众互动，如果商品正合心意，就可以根据提示下单[①]，同时还可以在屏幕上在线跟主播交流，咨询心仪商品的细节问题。这样的购物模式不仅可以让顾客更方便地了解商品的特点，还能以较低的价格买到商品，足不出户就能享受超值贴心的服务。这种商业模式

① 下单：指在网上购物时订购货物。

称为“直播带货”。

当前“直播购物”已经成为喜闻乐见的一种购物方式。这种方式极为便利，闲暇时人们随手打开手机，进入直播间，等待主播对商品的介绍。想买口红，可以让主播帮你试色；想买衣服，可以让主播帮你试穿；食品类的商品，可以先请主播进行试吃，再决定买不买。

此外，“直播带货”还带来新的创业和就业机会。除了观看别人的直播，还可以自己建立直播间成为“带货主播”，宣传和出售商品。“直播带货”这种新的销售和购物模式吸引着越来越多的消费者和从业人员；但作为一种新兴的商业模式，“直播带货”也存在着一定的风险。因此，主播们应当诚实守信，消费者也应该多加辨别，理性消费。

[生词]

1. 直播 zhíbō	（名）	live streaming
2. 导购 dǎogòu	（动）	shopping guide
3. 超值 chāozhí	（形）	super cheap
4. 哦 o	（叹）	interjection
5. 所谓 suǒwèi	（形）	so-called
6. 主播 zhǔbō	（名）	live streamer
7. 解说 jiěshuō	（动）	to comment and explain
8. 咨询 zīxún	（动）	to consult
9. 潜在 qiánzài	（形）	potential
10. 足不出户 zùbùchūhù	（短语）	remaining in doors

11. 贴心 tiēxīn	（形）	thoughtful
12. 喜闻乐见 xǐwénlèjiàn	（成语）	delighted to hear and see
13. 闲暇 xiánxiá	（名）	leisure
14. 创业 chuàngyè	（动）	to set up one's own business
15. 宣传 xuānchuán	（动）	to advertise
16. 风险 fēngxiǎn	（名）	risks
17. 诚实守信 chéngshí shǒuxìn	（短语）	honest and trustworthy
18. 辨别 biànbié	（动）	to distinguish
19. 理性 lǐxìng	（形）	rational

参加团购不?

你参加过“团购”吗?如今“团购”可以说是中国人的家常便饭了。“团购”就是团体购物,消费者通过组团购买,提高与商家协商价格的能力,而商家为了卖出更多的商品,也会接受更低的利润,那么组团的消费者就会获得比单独购买时更低的商品单价。随着线上团购的流行,组团消费的成员从相互认识的小伙伴①扩展到了素未谋面的陌生人。

团购作为一种新兴的电子商务②模式,让每一个参与的消费者都能够找到优惠的团购商品,使互不相识的人们共同享受物美价廉的服务,也使商家销售出更多的商品,获得盈利。

---

① 小伙伴:原指孩童时期的玩伴,现在突破年龄限制可泛指朋友。

② 电子商务:是通过网络技术完成商品交换的商务活动。

怎么参加线上团购呢？很简单！首先，需要有一个人发起团购邀请；接下来，如果有人对这个商品同样感兴趣，可以申请加入，只要人数达到一定数量，就可以“开团”；最后，每个人分别支付费用就可以完成购物。

团购适合什么样的消费者呢？如果你在网上购物时难以选择，总是买到不满意的东西，那么可以跟着大家一起买；如果你是不擅长砍价的小伙伴，那“团购”就可以帮你大忙了，商品的优惠价足以让你“惊掉下巴”！

不过，网络团购也存在一些弊端，比如一旦产生纠纷，售后服务就比较麻烦；又比如，有个别商家会先抬高商品价格，再假意打折。所以，参加网络团购也要擦亮双眼，不要被迷惑哦！

[生词]

1. 团购 tuángòu	（名）	group purchase
2. 家常便饭 jiāchángbiànfàn	（成语）	common occurrence
3. 协商 xiéshāng	（动）	to negotiate
4. 利润 lìrùn	（名）	profits
5. 单价 dānjià	（名）	unit price
6. 素未谋面 sùwèimóumiàn	（成语）	to have never met
7. 新兴 xīnxīng	（形）	newly emerging
8. 物美价廉 wùměijiàlián	（成语）	attractive in price and quality
9. 盈利 yínglì	（名）	profits
10. 邀请 yāoqǐng	（名）	invitation

11. 擅长 shàncháng	（动）	to be good at
12. 砍价 kǎnjià	（动）	to bargain
13. 弊端 bìduān	（名）	disadvantage
14. 纠纷 jiūfēn	（名）	dispute
15. 售后 shòuhòu	（名）	after-sale (service)
16. 假意 jiǎyì	（副）	falsely
17. 迷惑 míhuò	（动）	to get confused

朋友圈[1]里的微商

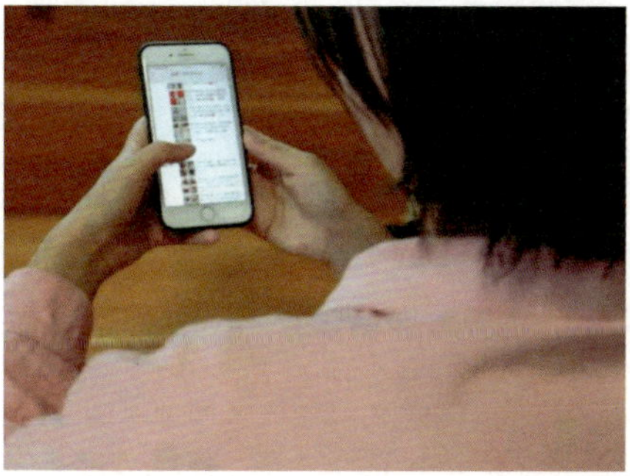

近年在智能手机和互联网的迅猛发展影响下，越来越多的人加入微商行业。他们没有实体门店，依靠移动互联网，借助微信、QQ 等社交软件，以人为中心，社交为纽带，在个人和个人之间进行售货。微商通过社交平台分享商品链接[2]，实现基于熟人推荐方式的裂变式销售。

微商最大的特点在于分享真实的用货体验，因此并不是所有的商品都能够成为微商的售卖产品，而是以面膜、零食、数码产品等零售商品为主。这类商品本身就有体验感这一衡量标准，熟人之间基于信任，分享体验感受并达成销售。

---

① 朋友圈：通过社交软件添加“朋友”组成的一个群体。

② 链接：指网页链接，点开会进入另一网页。

相信大家都或多或少了解或者参与过网上购物，可知微商跟网购平台（比如"淘宝"）相比有所不同。消费者在"淘宝"上搜索商品、完成下单，商家无法主动跟消费者进行直接沟通，也就无法了解他们的真实需求；微商可以通过社交平台聊天交流，了解客户的需求，推荐商品，并分享自己的用货体验，从而达到销售目的。但是，通过微商购买商品，不像在"淘宝"这类平台那样可以货比三家。

微商被称为"微创业"，通过朋友圈的人际关系推荐产品，足不出户就可以做生意赚钱。就目前电商①发展来看，微商和网购平台共存互补，微商经济也有其不可取代的优势。

[生词]

1. 微商 wēishāng	（名）	WeChat Business
2. 依靠 yīkào	（动）	to rely on
3. 借助 jièzhù	（动）	with the help of
4. 社交 shèjiāo	（名）	socialization
5. 软件 ruǎnjiàn	（名）	software
6. 纽带 niǔdài	（名）	bond
7. 链接 liànjiē	（名）	link
8. 基于 jīyú	（动）	to be based on
9. 推荐 tuījiàn	（动）	to recommend
10. 裂变 lièbiàn	（动）	to be fissioned

① 电商：电子商务的简称，指借助互联网进行电子交易活动。

11. 零售 língshòu	（名）	retail
12. 衡量 héngliáng	（动）	to measure
13. 搜索 sōusuǒ	（动）	to search
14. 沟通 gōutōng	（动）	to communicate
15. 货比三家 huòbǐisānjiā	（短语）	to shop around to get a good buy
16. 赚钱 zhuàn//qián	（短语）	to make money
17. 不可取代 bùkěqǔdài	（短语）	irreplaceable
18. 优势 yōushì	（名）	advantage

“共享”一下

不知您是否留意过马路边整齐排列的共享单车（自行车）？早晚高峰时段路上太堵，想骑单车，只要用手机扫一扫车身上的二维码，就可以轻松骑走一辆单车，解决“当务之急”。到达目的地归还即可，把它留给下一个需要的人，实现“随用随取、随借随还”，充分满足了人们的即时用车需求。人们将这一类经济模式称之为“共享经济”，“共享”是其最大特点。

“共享经济”正在蓬勃发展。出行方面有共享汽车、共享电动车、共享单车；休闲方面有共享酒店、共享 KTV①；医疗方面有共享陪护床、远程诊疗；教育方面有知识共享平台、问答平台；其他的诸如共享雨伞、共享充电宝、共享玩具等，共享新形式层出不穷。

---

① KTV：起源于日本的一种包厢式视听唱娱乐场所。

共享经济一方面盘活了社会上的闲置资源，给人们的日常生活带来便利；另一方面也满足了人们的个性化需求，推动城市的智慧化建设。当然，共享过程也出现了一些问题，比如共享单车乱停乱放、私人占用；共享酒店缺乏监管，安全问题凸显；共享雨伞押金高、丢失率高，等等。令人高兴的是，这些问题正在逐步得到改善，共享经济不仅包含着新的经济增长点，而且更便民、更环保。未来是否会出现更多样的共享模式，让我们拭目以待！

[生词]

1. 共享 gòngxiǎng	（动）	to share
2. 当务之急 dāngwùzhījí	（成语）	urgent need
3. 随用随取 suíyòngsuíqǔ	（短语）	to use at any time
4. 随借随还 suíjièsuíhuán	（短语）	to borrow and return at any time
5. 即时 jíshí	（副）	instantly
6. 蓬勃 péngbó	（副）	vigorously
7. 层出不穷 céngchūbùqióng	（成语）	emerge in an endless stream
8. 盘活 pánhuó	（动）	to revitalise
9. 闲置 xiánzhì	（动）	to be idle
10. 资源 zīyuán	（名）	resources
11. 缺乏 quēfá	（动）	to lack
12. 监管 jiānguǎn	（名）	regulation
13. 凸显 tūxiǎn	（动）	to be obvious
14. 改善 gǎishàn	（动）	to improve
15. 环保 huánbǎo	（形）	environmentally friendly
16. 拭目以待 shìmùyǐdài	（成语）	to wait and see

小地摊大市场

如果你已经在中国学习或工作了一段时间，很可能已经去过“早市”或“夜市”①。在那里，人们在路边支起简易的摊位贩卖着各种美味的街头小吃或者各样的小商品，这样的摊位俗称“地摊”。

地摊经济，就是指大街小巷摆摊售卖商品的经营形式。对于销售者而言，它降低了经营成本，摊主不需要购买或租赁昂贵的店铺，而且灵活性高，摊主可以随时把商品带到人流多的合适地点摆摊销售。地摊经济一方面减轻了一部分人的就业压力，另一方面满足了一些年轻人想要体验经商做生意的愿望。另外，地摊经济也增加了城市的“烟火气”，深

① 早市：专门在清晨做买卖的市场；夜市：专门在夜间做买卖的市场。

受老百姓的欢迎。这是因为地摊市场很热闹，有各种各样的美食小吃和物美价廉的商品，正所谓“人间烟火气，最抚凡人心”。

有些大学校园里出现的“跳蚤市场”[①]，其实也相当于“摆地摊”。时值六月毕业季，炎热的夏天夜晚，即将走出校园的毕业生把自己不再需要或者无法带走的物品拿出来摆摊售卖，有需要者可以用极低的价格买到自己需要的物品。在年轻的大学生们看来，摆地摊更多的是一种趣味和情怀。

摆地摊必须遵守城市管理规定，不可侵占道路、阻塞交通。近年来，政府有关部门对地摊经济的管理越来越正规。比如：划定固定摊位，对摆摊进行时段限制，食品类摊位必须提交健康证明、保证食品卫生，等等。地摊经济不仅在一定程度上给百姓生活带来便利，是商场、超市等经济实体的有益补充，也是体验人间万象的最佳场所。闲暇时间去你所在城市的“早市”或“夜市”上逛一逛，感受一下中国的“地摊经济”。

[生词]

1. 地摊 dìtān	（名）	street stall
2. 简易 jiǎnyì	（形）	simple
3. 摊位 tānwèi	（名）	stalls
4. 贩卖 fànmài	（动）	to sell
5. 大街小巷 dàjiē-xiǎoxiàng	（成语）	streets and alleys

① 跳蚤市场：起源于欧美国家的旧货交换市场。

6. 摆摊 bǎi//tān	（动）	to set up a stall
7. 经营 jīngyíng	（动）	to operate
8. 成本 chéngběn	（名）	cost
9. 摊主 tānzhǔ	（名）	owner of the stall
10. 租赁 zūlìn	（动）	to rent
11. 烟火气 yānhuǒqì	（名）	a touch of life
12. 跳蚤市场 tiàozao shìchǎng	（专名）	flea market
13. 情怀 qínghuái	（名）	feelings
14. 遵守 zūnshǒu	（动）	to follow
15. 规定 guīdìng	（名）	rules
16. 侵占 qīnzhàn	（动）	to encroach
17. 阻塞 zǔsè	（动）	to block
18. 正规 zhèngguī	（形）	standardised
19. 人间万象 rénjiān wànxiàng	（短语）	everything in human world

正在崛起的“她经济”

有人说，现在是女性经济时代，从服装、饰品、化妆品到汽车、房子都反映女性突出的消费能力，经济学家称之为“她经济”。

“她经济”充分体现了女性社会地位的提高与女性独立意识的觉醒。现代女性拥有了更多的工作机会和更高的收入，成为市场消费的主要群体，一定程度上推动了商品经济的发展。另一方面，当今社会环境下的市场营销也极大地体现出迎合女性消费者的特点，越来越多的商家开始从女性视角对目标商品进行宣传推广，获得较为成功的销售效果。

“她经济”下的消费通常有三大特点：

首先是消费的个性化与自主化。女性不仅在穿搭方面开始追求个性特色，在精神生活方面也拥有较强的自我意识。她们不再被旁人的眼光所束缚，更加注重个人感受，喜爱购买个性化服饰产品。

其次是消费的情感化与理念化，女性拥有一定的收入后，在注重商品质量与实用性的同时，更偏爱符合其心理需求、能引起其情感共鸣的产品与服务，追求自我消费理念的建立。她们对品牌的偏好主要表现在对品牌所蕴含文化与故事的喜爱上。

再次是消费的娱乐化与休闲化。科学技术的发展与观念的改变使得女性从繁重的家庭事务中解放出来，娱乐与休闲产业迎来新的商机，女性健身、美容早已成为常态，针对女性消费的电商平台、游戏产业、健康产业等正展现出广阔的待开发市场。

与此同时，还有许多围绕女性消费的衍生产业出现，比如各大商场里的“老公寄存处”“儿童乐园”“体验式美容美甲”等。这一系列的经济现象由女性推动、为女性服务，呈现出蓬勃发展的态势。

[生词]

1. 崛起 juéqǐ	（动）	to emerge
2. 意识 yìshí	（名）	awareness
3. 觉醒 juéxǐng	（动）	to awake
4. 群体 qúntǐ	（名）	groups
5. 营销 yíngxiāo	（动）	marketing
6. 迎合 yínghé	（动）	to cater to
7. 视角 shìjiǎo	（名）	perspectives
8. 追求 zhuīqiú	（动）	to pursue
9. 束缚 shùfù	（动）	be bound by
10. 理念 lǐniàn	（名）	philosophy
11. 共鸣 gòngmíng	（动）	resonance
12. 偏好 piānhào	（动）	to prefer

13. 蕴含 yùnhán	（动）	to contain
14. 娱乐 yúlè	（名）	entertainment
15. 繁重 fánzhòng	（形）	strenuous
16. 围绕 wéirào	（动）	to revolve around
17. 衍生 yǎnshēng	（形）	derivative
18. 态势 tàishì	（名）	situation

“闲置经济”在发展

“买回来的东西不喜欢了”“搬家时很多物品不需要了，扔了又觉得可惜”“毕业了，很多旧物用不着了，但物品本身还有使用价值”，遇到这些情况怎么办？这些问题是不是也同样困扰着你？

物品闲置问题一直存在。以前，人们通常以寄卖物品的形式处理闲置物品，委托实体二手店①的商家代为出售物品，但这种形式手续复杂，而且商家会从中抽取一定的佣金，转卖成本因此高了许多。近些年还有社区自发组织的“后备厢跳蚤市场”②，同一社区的人们约定好时间，在相同的地点进行闲置物

① 二手店：指买卖二手商品的店铺。

② 后备厢跳蚤市场：指在社区内以后备厢为摊位进行的二手物品交易市场。

品互换互用活动。学校每年也会举办毕业生跳蚤市场，方便毕业生转售自己的旧物。

如今随着生活水平的提高，人们的消费观念发生了很大的变化，很多人热衷于新款和潮流，因此出现了更多的物品闲置问题。在这种情形下，“闲置经济”正迎来它的黄金时代。

依托发达的互联网技术，中国已经发展出了方便快捷的线上二手电商市场，如闲鱼、转转、孔夫子旧书网等。人人都可以参与闲置物品的转卖，不受时间、地点限制，只需要下载相应 App，注册账号，将闲置物品拍照上传，做简单介绍，自主定价，接下来就可以等待买家“上门”询问物品的情况啦。除了在线上二手电商市场上处理自己的闲置物品，很多人也非常乐意购买二手物品。这些物品经济实惠，一定程度上减轻了购买者的经济压力，也符合环保理念，如果细心挑选，还有可能淘到物超所值的东西，听起来是不是很有吸引力？

[生词]

1. 搬家 bān//jiā	（动）	to move house
2. 价值 jiàzhí	（名）	value
3. 困扰 kùnrǎo	（动）	to bother
4. 寄卖 jìmài	（动）	commission sale
5. 委托 wěituō	（动）	to entrust
6. 二手店 èrshǒudiàn	（名）	second-hand shop
7. 手续 shǒuxù	（名）	procedure
8. 佣金 yōngjīn	（名）	commission

9. 社区 shèqū	（名）	community
10. 后备厢 hòubèixiāng	（名）	trunk
11. 热衷 rèzhōng	（动）	be keen to/passionate about
12. 潮流 cháoliú	（名）	trend
13. 依托 yītuō	（动）	to rely on
14. 快捷 kuàijié	（形）	fast and convenient
15. 询问 xúnwèn	（动）	to inquire
16. 实惠 shíhuì	（形）	affordable
17. 淘 táo	（动）	to dig up anything interesting
18. 物超所值 wùchāosuǒzhí	（短语）	great value for money

“网红”有多红?

照片上的这家奶茶店风靡一时，在网上有很多人推荐，“粉丝”众多。这类商店一般叫“网红店”。不仅有网红奶茶店，还有网红餐厅、网红服装店、网红旅游地……

一系列的“网红 XX”构成了当下流行的“网红经济”。“网红”就是“网络红人[①]”的简称。“网红经济”就是由网络上拥有高关注度和高点赞量的红人所带动并引发的一系列经济现象。这类经济现象与人们物质生活水平的提高和发达的互联网技术密不可分。

生活水平的提高带给人们新的消费理念与生活观念，互联网技术的发展让诸多网络社交平台获得热捧，成为年轻人展

① 红人：此处指“有较高知名度的人”。

示自我、交流分享的聚集地，比如微博、抖音、快手、小红书等，这些社交平台催生了“网红”的诞生。网红多带有独特的人格魅力，拥有出众的颜值或才艺。他们有的有自己的工作，在社交平台上分享生活是其休闲的一部分；有的网红则以网络分享作为职业，通过分享高质量的内容获取网友们的关注与点赞①。他们有的以美食分享为主,向观众展示自己做的美食或推荐某些店铺的美食；有的以美妆、服饰分享为主，向网友们传授自己的妆容、穿搭经验；还有的以旅游经历为主，分享景区美丽的照片、推荐住宿地点，等等。在一段时间内，由网红推荐的商品、店铺、衣物、旅游地便会成为热门或潮流，还有的网红凭借其高知名度自主创业，推动了相关产业的发展。

“网红经济”为中国经济发展带来了活力。与此同时，网络世界也需要进行引导与监管，避免不良信息的传播和误导。

[生词]

1. 网红 wǎnghóng	（名）	influencer
2. 红 hóng	（形）	popular
3. 奶茶 nǎichá	（名）	bubble tea
4. 风靡一时 fēngmǐyīshí	（成语）	popular for a while
5. 粉丝 fěnsī	（名）	fans
6. 密不可分 mìbùkěfēn	（短语）	inseparable
7. 热捧 rèpěng	（名）	popularity

① 点赞：本是社交软件中表示“赞扬”的一个功能，现泛指赞扬、支持。

8. 展示 zhǎnshì	（动）	to show
9. 聚集地 jùjídì	（名）	gathering place
10. 催生 cuīshēng	（动）	to give rise to
11. 独特 dútè	（形）	unique
12. 魅力 mèilì	（名）	charm
13. 颜值 yánzhí	（名）	value for beauty
14. 传授 chuánshòu	（动）	to teach
15. 热门 rèmén	（名）	hot
16. 误导 wùdǎo	（动）	to mislead

搬家不再发愁

最近，由于工作变动汤姆要搬家了。看到房间里除了一大堆衣物、书本，以及冰箱、空调等家电，还有床、沙发等大件家具，汤姆可就发了愁：怎么搬运这么多东西呢？

朋友告诉他，可以通过打电话、上网或在 App 上给物流公司下单请他们帮忙搬家。在中国，物流货运公司很多，比如京东物流、德邦物流、货拉拉等。以货拉拉为例，它是以“拉货”业务为主的互联网物流公司，既可以同城搬运，也可以跨城运输。

互联网时代，很多事情都可以线上操作，搬家也不例外，人们只需要在软件或者微信小程序中下单，系统便会自动匹配附近的货车提供服务。“货拉拉”可以为用户搬家提供全套服务，从家电的拆装保护到全程搬运，再到专属客服，为搬家用户提供了极大的便利，而且费用也比较合理。除了搬家之外，货拉拉还提供汽车租售、零担业务以及国际物流等服务，人们可以根据自己的需求来选择。

如今实体经济和电子商务的发展带动着物流行业快速成长，越来越多的小型物流公司开始参考“货拉拉”，以相似的模式提供运营服务。现代物流影响着人们的工作和生活，降低了商品流通和货物运送的成本，促进各个地区的区域分工和商品流通，助力经济增长。

通过这次搬家，汤姆这回真切地感受到“互联网 +”[1]物流的方便与快捷。

[生词]

1. 发愁 fā//chóu	（动）	to worry about
2. 搬运 bānyùn	（动）	to move
3. 物流 wùliú	（名）	logistics
4. 业务 yèwù	（名）	business
5. 跨 kuà	（动）	to across
6. 运输 yùnshū	（动）	to transport
7. 操作 cāozuò	（动）	to operate
8. 例外 lìwài	（名）	exception
9. 系统 xìtǒng	（名）	system

① 互联网 +：一种以互联网为依托的新兴经济形态。

10. 匹配 pǐpèi	（动）	to match
11. 拆装 chāizhuāng	（动）	to dismantle and assemble
12. 全程 quánchéng	（名）	the whole journey
13. 专属 zhuānshǔ	（形）	the whole journey
14. 客服 kèfú	（名）	customer service
15. 租售 zūshòu	（名）	renting and selling
16. 流通 liútōng	（名）	circulation
17. 促进 cùjìn	（动）	to promote
18. 区域 qūyù	（名）	region

闪送go!

有时一份很重要或者很紧急的文件或物品需要送出去，但又无法自己去，这可怎么办？这时你可以叫个“闪送”把文件或物品疾速送达目的地。

那什么是“闪送”呢？“闪送”是一种同城速递服务，最大的特点就是方便、快捷，无论客户在城市的什么位置，需要递送何种物品，都可以通过微信小程序或者“闪送 App”下单。平台智能派单后，配送人员很快就会上门取货，平均一小时送达全城。与快递不同，这种同城速递避免了中转、分拣等过程，可以短时高效地完成配送，也减少了物品丢失的风险。

在中国，原本外卖行业就有同城送货的服务，但并没有严格的时间限制。近年来，互联网、快递和物流飞速发展，加之生活和工作节奏加快，人们对于快递的速度要求也越来越高，于是，“闪送”这项一对一的专门服务也就应运而生了。

“闪送”是互联网与快件递送结合的产物，作为一种新兴的快递服务，虽然业务范围仅局限在同城，但胜在快速高效。它的出现拉近了人与人之间的距离，在给人们的生活带来极大便利的同时，也提供了不少就业岗位，提升了从业人员的经济收入。

[生词]

1. 闪送 shǎnsòng	（名）	one-to-one express service
2. 紧急 jǐnjí	（形）	urgent
3. 疾速 jísù	（副）	quickly
4. 速递 sùdì	（名）	express delivery
5. 平台 píngtái	（名）	network platform
6. 智能 zhìnéng	（形）	intelligent
7. 派单 pài//dān	（动）	to dispatch
8. 取货 qǔ//huò	（短语）	to pick up
9. 避免 bìmiǎn	（动）	avoid
10. 分拣 fēnjiǎn	（动）	to sort out
11. 配送 pèisòng	（动）	to deliver
12. 外卖 wàimài	（名）	take-out
13. 快递 kuàidì	（名）	express delivery
14. 应运而生 yìngyùnérshēng	（成语）	arise at the right moment
15. 局限 júxiàn	（名）	limit
16. 岗位 gǎngwèi	（名）	jobs

宅家无忧[①]

中国有一句俗语，叫做“民以食为天”[②]。现如今生活节奏加快，人们为了节省时间或者只是贪图便利，常常会选择方便快捷的“外卖”服务。

外卖在餐饮业比较常见，最早出现的形式是在饭店里打包。传统的外卖形式可以分为两种：客人到店点餐付款并打包带走和店内工作人员送餐。由于手机、互联网的普及，外卖行

---

① 宅：日源外来词，指待在家里不出门。

② 民以食为天：这句话的意思是食物是人们赖以生存的基础，强调食物的重要性。

业得到迅速发展，送餐员已不再局限于店内员工，而是由专职的外卖员来完成。通常是人们通过打电话来订餐，店家完成配送。

如今所谓的外卖，其实是一个比较宽泛的词语，卖家提供商品以及上门服务都可以称为“外卖”，送餐饮、送鲜花、上门修理业务等都属于外卖。人们可以足不出户享用美食，获取所需的物品或服务。外卖配送服务既高效又便捷，有些商家甚至还推出了“准时达①”服务。因为外卖员多为男性，且服务用心周到，人们常常亲切地称呼他们为“外卖小哥”。

数据显示，从2016年至2020年，中国在线外卖用户规模逐年增长，已经达到了4亿多人。尤其是疫情期间，“家里蹲②”的人们吃腻了“家的味道”，想要品尝不同口味的美食，就可以在网站或外卖App上订餐，选择“无接触配送③”服务，安全享用。

可以说，“互联网＋餐饮”的结合是当下外卖行业的主力军，而包括餐饮在内的外卖业务也让“宅”在家里的人们生活更有滋味。你想试试点个外卖吗？

---

① 准时达：外卖配送的一项服务，在有限时间内送达，超出时间会用现金红包补偿客户。

② 家里蹲：指待在家中不出门。

③ 无接触配送：指将商品放置到指定位置，通过减少面对面接触保障用户和骑手在收餐环节的安全。

[生词]

1. 宅家 zhái//jiā	（短语）	to stay at home
2. 无忧 wú//yōu	（短语）	worry-free
3. 节奏 jiézòu	（名）	pace
4. 贪图 tāntú	（动）	to seek/to hanker after
5. 餐饮 cānyǐn	（名）	catering
6. 普及 pǔjí	（动）	to popularize
7. 专职 zhuānzhí	（名）	full-time
8. 宽泛 kuānfàn	（形）	broad
9. 修理 xiūlǐ	（动）	to repair
10. 周到 zhōudào	（形）	thoughtful
11. 逐年 zhúnián	（副）	year by year
12. 疫情 yìqíng	（名）	epidemic
13. 腻 nì	（形）	be fed up with
14. 接触 jiēchù	（动）	to contact
15. 结合 jiéhé	（名）	combination
16. 滋味 zīwèi	（名）	taste

指尖上的出行

你在中国打过车吗？是在路边等待随机路过的出租车吗？是不是也遇到过在偏僻的路口苦苦等待却没有一辆车停下的情况呢？现在这种烦恼已不复存在，只需动动手指在手机上就可以随时随地打车。

自 2012 年开始，线上打车形式出现，大大方便了人们的出行。人们可以通过打车 App 线上叫车，线下乘车，到达目的地后线上支付车费。起初只有出租车这一种车型服务，后来扩大到专车、快车、顺风车①、代驾②及大巴等多项业务。

① 顺风车：指车的行驶目的地与乘客目的地一致，或方向相同。
② 代驾：一般为酒后找专业驾驶人员代为驾驶（车辆）。

新媒体时代的来临给人们的经济生活带来了天翻地覆的变化。网络经济几乎覆盖了各个领域，其中就包括我们日常的出行。涌入市场的网约车出行平台越来越多，人们的选择范围也越来越大，可以从中选择最优惠的一个。

上述网上订车的出行平台，利用互联网的特色，将线上①和线下有机融合，乘客只需在线上输入目的地，点击呼叫车型即可。随后，平台立刻发送信息给附近的车辆，司机选择“接单”后即来接乘客。这种新形式不仅给乘客的打车体验提供了最大程度的优化，也给司机带来了便利——他们可以根据乘客的目的地和个人意愿选择是否“接单”，节省了双方沟通的时间。

在乘客的选项中，可以选择是否接受拼车②。如果乘客愿意接受乘车途中增添同路线的其他乘客，那么，乘车费用也将相应地降低。

在时间的选项中，乘客甚至可以提前几天预约出行。确定了用车时间后，输入目的地进行下单，只要有司机接单了，用车当天就可以在约定的时间和地点看到准时到达的车辆，既大大节约了时间成本，也确保了出行的便利。

① 线上（online）：指的是借助互联网技术进行的活动形式，与线下（offline）相对。

② 拼车：指相同路线的几个人搭乘同一辆车出行的方式，车费由乘客平均分摊。

[生词]

1. 随机 suíjī	（副）	randomly
2. 偏僻 piānpì	（形）	remote
3. 烦恼 fánnǎo	（名）	worries
4. 车型 chēxíng	（名）	vehicle models
5. 专车 zhuānchē	（名）	specialized vehicles
6. 天翻地覆 tiānfāndìfù	（成语）	upside down
7. 出行 chūxíng	（名）	trips
8. 网约车 wǎngyuēchē	（名）	online car-hailing
9. 优惠 yōuhuì	（形）	favorable
10. 上述 shàngshù	（形）	above-mentioned
11. 融合 rónghé	（动）	to blend
12. 目的地 mùdìdì	（名）	destination
13. 接单 jiē//dān	（短语）	to accept an order
14. 优化 yōuhuà	（动）	to optimize
15. 拼车 pīn//chē	（短语）	car-sharing
16. 增添 zēngtiān	（动）	to add
17. 确保 quèbǎo	（动）	to ensure

联通世界的“进博会”[①]

“有朋自远方来，不亦乐乎？”[②]常用来表达远方朋友到来的喜悦之情。“进博会”是“中国国际进口博览会”的简称。作为中国向世界开放市场的大型国际性商务展会，进博会迎来世界多地的新朋老友。

从2018年以来，全球瞩目的“进博会”每年都如期在上海国家展览中心举行。2020年，受新冠疫情影响，中央广播电

① 进博会：是“中国国际进口博览会”的简称，首届进博会2018年在上海举行。

② 有朋自远方来，不亦乐乎：源自《论语》，是表达好客的名句。

视总台借助最新的直播模式，在上海黄浦江边首度开启进博会带货直播，在网络上为国内外的观众介绍各国商品。

作为世界上第一个以进口为主题的国家级展会，“进博会”迄今已经连续成功举办五届，吸引了来自国内外各个品牌的展商。展会设立了护肤、美妆、鞋服、珠宝、玩具、汽车、农产品、美酒美食、保健品等众多展区，观展者不仅可以在食品展区品尝到正宗的西班牙火腿、日本的顶级刺身料理；还可以在珠宝展区看到 Gucci[①] 的工匠师现场制作戒指；或者在品质生活展区组拼乐高[②]、体验豪车……当然，各大展区还有志愿者“小叶子”为不太懂中文的朋友提供现场翻译服务，带领参观者去他们感兴趣的各大展区。

“进博会”由中华人民共和国商务部、上海市人民政府主办。在当前世界经济持续稳定增长面临严峻考验的大环境下，举办“进博会”是中国着眼推进新一轮高水平对外开放的重大举措。可以说，“进博会”为世界各国展示国家发展成就、开展国际贸易搭建了一个大型、开放型的合作平台，不仅是一场国际间商品的展览，也是一次文化交流的盛宴；更是推进“一带一路”建设，推动经济全球化的国际公共产品盛会，为世界增加了一条联结通道，促进了全球经济的发展。

① Gucci：源自意大利的时装奢侈品牌。

② 乐高：LEGO 的音译，一种可开发智力的积木玩具，源自丹麦。

[生词]

1. 商务 shāngwù	（名）	commercial
2. 展会 zhǎnhuì	（名）	exhibition
3. 博览会 bólǎnhuì	（名）	exposition
4. 简称 jiǎnchēng	（名）	abbreviation
5. 瞩目 zhǔmù	（动）	eye-catching
6. 新冠 xīnguān	（专名）	COVID-19
7. 主题 zhǔtí	（名）	theme
8. 迄今 qìjīn	（动）	so far
9. 火腿 huǒtuǐ	（名）	ham
10. 刺身 cìshēn	（名）	sashimi
11. 现场 xiànchǎng	（名）	on site
12. 翻译 fānyì	（名）	translation
13. 持续 chíxù	（动）	to continue
14. 严峻 yánjùn	（形）	severe
15. 举措 jǔcuò	（名）	initiative
16. 贸易 màoyì	（名）	trade
17. 搭建 dājiàn	（动）	to build
18. 盛宴 shèngyàn	（名）	feast
19. 联结 liánjié	（动）	to connect

“长三角”大联合

中国的长三角“大联合”[1]啦！这里的“大联合”指的是“长三角一体化”，这是中国政府对经济发展做出的一项重要的区域性战略规划。“长三角”指长江三角洲三省一市（即上海市、江苏省、浙江省、安徽省），通过各省市的跨区域合作，打造一个互补的、集群的、同步的、协调的中国城市群。

为了打造“长三角一体化”，在政务服务、交通设施、公共服务方面推动和实施了许多建设计划。比如：为了方便长三角地区居民跨省业务办理，实现政务服务一网通办。这样一来，跨省办事就更加便利了；为了方便长三角地区居民出行，实现了交通设施互联互通，居民跨省乘坐地铁不用线下购买车

① 大联合：此处指协同合作，共同发展。

票，省时又省心，还取消了高速公路省界收费站、打通了多处省界“断头路”[①]；为了长三角地区居民公共服务便利共享，推出了“异地门诊费用直接结算”，省外看病省外结，不用再多跑路，公共服务更加高效了。

新冠疫情防控期间，长三角地区实行疫情联防联控，省市间健康码互认，方便居民跨省流动；而在经济社会发展方面，长三角地区实施防疫物资互济互帮、产业链复工复产协同互助等机制，为区域内公司顺利复工提供支持。

在社保、教育、旅游、就业等各个方面，长三角地区也在积极进行跨省合作，以提升老百姓的幸福感、获得感[②]为目标，满足人民群众对美好生活的多样化需求，致力于推动长三角区域更高质量的一体化发展，让人民群众共享高质量发展成果。

［生词］

1. 规划 guīhuà	（名）	planning
2. 打造 dǎzào	（动）	to build
3. 集群 jíqún	（动）	to integrate
4. 协调 xiétiáo	（形）	coordinated
5. 政务 zhèngwù	（名）	government affairs
6. 设施 shèshī	（名）	facilities
7. 门诊 ménzhěn	（名）	outpatient service

① 断头路：指不同地区或不同等级的公路间不能接通的路段。

② 获得感：来源于习近平总书记的讲话，指收获利益后产生的满足感。

8. 结算 jiésuàn	（动）	to settle accounts
9. 跑路 pǎo//lù	（短语）	to rush about
10. 联防联控 liánfángliánkòng	（短语）	joint prevention and control
11. 健康码 jiànkāngmǎ	（名）	health code
12. 防疫 fángyì	（动）	to prevent the epidemic
13. 物资 wùzī	（名）	goods and materials
14. 互济互帮 hùjìhùbāng	（短语）	mutual help and assistance
15. 复工 fùgōng	（动）	to go back to work
16. 社保 shèbǎo	（名）	social security
17. 致力 zhìlì	（动）	to be committed/devoted to
18. 成果 chéngguǒ	（名）	achievement

亚投行：同享机遇，共创辉煌

“亚投行”的全称为“亚洲基础设施投资银行”，是由中国倡议设立的多边金融机构，旨在推进亚洲地区基础设施建设，加强亚洲地区国家的经济合作，促进共同发展。

2013 年 10 月，中国国家主席习近平率先提出了建设亚洲基础设施投资银行的倡议，随后包括中国、印度、新加坡在内的 21 个国家的代表人在中国北京正式签约，共同决定成立亚洲基础设施投资银行（简称“亚投行”）。许多西方发达国家包括英国、法国、意大利、德国等也纷纷以意向创始国的身份申请加入亚投行。2015 年 12 月 25 日，亚洲基础设施投资银行正式成立。

中国有句俗语，叫作“要想富，先修路”，指的是便利的交通会带动经济的发展。因此，基础设施的建设对地区经济的发展尤为重要。亚投行将运用贷款、股权投资、提供担保等一系列的方式为亚洲基础设施项目提供帮助，以促进亚洲地区铁路、公路、港口、通讯、电力电网、油气运输等方面的建设。成立仅 1 年，亚投行就累计发放约 17.3 亿美元贷款，支持了缅甸、巴基斯坦、孟加拉国等 7 个国家的 9 个基础设施项目，极大地促进了国家之间的互联互通与经济一体

化①进程。

“功在当代，利在千秋”②。作为以中国为主导，以支持亚洲地区基础建设投资，加强亚洲金融合作交流为目的的金融机构，亚投行所发挥的效益还不止于此，未来亚投行还将继续扩大投资范围，领域延伸至包括面对未来的现代化建设、应对气候变化、加强亚洲地区互联互通等方面，不断实现互利共赢的目标。

［生词］

1. 机遇 jīyù	（名）	opportunity
2. 辉煌 huīhuáng	（形）	brilliance
3. 基础设施 jīchǔshèshī	（名）	infrastructure
4. 投资 tóu//zī	（动）	to invest
5. 倡议 chàngyì	（动）	to propose
6. 旨在 zhǐzài	（短语）	be aimed at
7. 主席 zhǔxí	（名）	president
8. 率先 shuàixiān	（副）	take the lead
9. 签约 qiān//yuē	（动）	to sign a contract
10. 纷纷 fēnfēn	（副）	one after another
11. 意向 yìxiàng	（名）	intention

---

① 经济一体化：指若干分散的企业联合成一个统一的经济组织。

② 功在当代，利在千秋：做一件事情的功劳建立在当下，所发挥出的效益能造福千秋万代。

12. 贷款 dàikuǎn	（动）	to loan
13. 股权 gǔquán	（名）	stock rights
14. 担保 dānbǎo	（动）	to guarantee
15. 港口 gǎngkǒu	（名）	port
16. 通讯 tōngxùn	（名）	communication
17. 效益 xiàoyì	（名）	benefit
18. 共赢 gòngyíng	（动）	win-win

一带一路[①]：共商、共享、共建之路

“一带一路”是“丝绸之路经济带”和“21世纪海上丝绸之路”的简称，这是中国国家主席习近平提出的中国与周边国家合作倡议。

“丝绸之路”最初是中国古代经过中亚通往南亚、西亚以及欧洲、北非的贸易交往通道，后来逐渐成为中西方商品交流和文化往来通道的统称。其实，这一概念所涵盖的范围很广。

西汉时期，驼铃古道上有一条“丝绸之路”，它架起了沿途各民族交流的桥梁，是西汉与西域[②]交往和交流的历史见证，

① 一带一路（The Belt and Road）：中国提出的国家级顶层合作倡议，是中国和周边友好国家共同发展的友谊之路。

② 西域：汉朝以后对玉门关、阳关以西地区的总称。

也是连接起东西方经济文化的纽带。这条连接中西方的商道便是“陆上丝绸之路”，简称“陆上丝路”。

“海上丝路”始于秦汉时期，是中国与外国贸易往来和文化交流的海上大通道，它推动了沿线各国的共同发展。此外，“草原丝路”“南方丝路”等沟通欧亚大陆的商贸通道，也是丝绸之路的重要组成部分。

在古代交流合作的基础上，当代中国提出了“一带一路”倡议，坚持对外开放，秉承着共商、共享、共建[①]的原则，在不干涉他国内政、不影响他国主权和利益的前提下，达成经济合作和文化交流的目的。“一带一路”贯穿亚、欧、非大陆，以沿线中心城市为支撑，以重点经贸产业园区为合作平台，共同打造国际经济合作走廊，让沿线各国互利共赢，让各个国家的人文交流更加深入，不同文明相互交融互鉴，各国人民相知相交，共同打造政治、经济、文化互相包容的共同体。

如今，“一带一路”的合作范围不断扩大，合作领域也更加广阔，它为世界各国走向共赢带来了中国方案，为均衡的可持续[②]发展增添了新动力。英国历史学家彼得·弗兰科潘说：“丝绸之路曾经塑造了过去的世界，甚至塑造了今天的世界，也将塑造未来的世界。”

---

① 共商、共享、共建：中国的全球治理观，坚持世界各国共赢的基本理念。

② 可持续：是一种注重长远发展的经济增长模式。

[生词]

1. 通道 tōngdào	（名）	passageway
2. 统称 tǒngchēng	（名）	cover term
3. 涵盖 hángài	（动）	to contain/to cover
4. 沿途 yántú	（名）	along the way
5. 桥梁 qiáoliáng	（名）	bridge
6. 秦汉 QínHàn	（专名）	Qin and Han Dynasties
7. 欧亚大陆 Ōuyàdàlù	（专名）	Eurasia
8. 秉承 bǐngchéng	（动）	to carry on
9. 干涉 gānshè	（动）	to interfere
10. 内政 nèizhèng	（名）	internal affairs
11. 主权 zhǔquán	（名）	sovereignty
12. 贯穿 guànchuān	（动）	to run through
13. 支撑 zhīchēng	（动）	to support
14. 走廊 zǒuláng	（名）	corridor
15. 互鉴 hùjiàn	（短语）	mutually appreciate
16. 共同体 gòngtóngtǐ	（名）	community
17. 均衡 jūnhéng	（形）	balanced
18. 塑造 sùzào	（动）	to shape

美丽乡村不是梦

“国以民为本，民以食为天”[①]。自古以来，中国就是以农耕为主的国家，农业一直都是国家的根本，国民的命脉。然而，人们以往一提到农村就与面朝黄土背朝天的田间劳作、经济落后、环境差等相联系。

眼下中国农村的基础设施和农民的生活保障机制得到显著提升，环境优美，空气清新。机械化耕种极大地降低了农民的个体工作强度，村民“日出而作，日入而息”，安居乐业，正奔向幸福生活。

① 国以民为本，民以食为天：汉代就已流行的谚语，意思是国家把人民看作根本，人民把粮食当作生命。

中国农业资源丰富，农业从业人口众多，政府制定了有针对性的政策，采用工业化富裕农民、产业化发展农业、城镇化繁荣农村的方法来解决“三农”问题。当前正在加快农村转型的进程，壮大农村集体经济，完善惠农政策，健全社会保障，加强组织建设，从大环境到小环境逐步完成改善。除了农村设施、环境的改善和农业政策的优化，政府对农民子女的教育方面也十分关注。“百年大计，教育为本。”九年义务教育的普及，让每一个适龄的孩子有书读，有学上。

“三农政策”给中国的农村带来了很大的变化。农村环境越来越美好，农业设施逐渐完善，农业经济日趋繁荣，农民们身处美丽乡村，幸福感和获得感越来越强。

[生词]

1. 农耕 nónggēng	（动）	to farm
2. 根本 gēnběn	（名）	foundation
3. 命脉 mìngmài	（名）	lifeline
4. 环境 huánjìng	（名）	environment
5. 优美 yōuměi	（形）	beautiful
6. 清新 qīngxīn	（形）	fresh
7. 强度 qiángdù	（名）	intension
8. 安居乐业 ānjūlèyè	（成语）	live and work in peace and contentment
9. 制定 zhìdìng	（动）	to formulate
10. 富裕 fùyù	（动）	to enrich
11. 繁荣 fánróng	（形）	prosperous

12. 转型 zhuǎnxíng	（动）	transform
13. 完善 wánshàn	（动）	perfect
14. 惠农 huì//nóng	（短语）	to benefit farmers
15. 健全 jiànquán	（动）	improve
16. 保障 bǎozhàng	（名）	guarantee

2 / 民生篇

从量到质的GDP增长

国民生产总值[①]通常简称为"GDP"，是衡量一个国家或地区经济状况和发展水平的重要指标。中华人民共和国成立以来，GDP增长速度举世瞩目：2010年，中国GDP超过日本，跃升为仅次于美国的全球第二大经济体。自此之后，中国的国民生产总值逐年增长，经济总量连年稳居世界第二。2020年，尽管受到肆虐全球的新冠肺炎疫情冲击，中国国内生产总值仍首次突破100万亿美元。

然而，GDP并不是衡量一个国家经济发展和人民生活水平的唯一标准，人均GDP更能反映一个国家真实的经济发展水平。中国人口众多，地域辽阔，人均GDP在全球排位一直比较靠后。2022年，拥有14亿人口的中国，人均GDP已连续两年保持在1.2万美元以上，但在全球仅排在第60位，只能算是中等国家水平。此外，随着对环境保护的日益重视，将资源和环境因素考虑在内的绿色GDP逐渐成为关注的重点。提升绿色GDP、兼顾经济发展和生态环境的保护，也为今后中国的发展提出了更高的要求。

① 国民生产总值："Gross Domestic Product"的对译形式，经济学术语。

中国目前总体实现了建成小康社会[①]的目标，社会主要矛盾由人民日益增长的物质文化需要同落后的社会生产之间的矛盾，转化为人民日益增长的美好生活需要和不平衡不充分的发展之间的矛盾。随着物质文化生活水平的提高，人民群众的精神文化需求迅速增长，呈现出多层次、多形式、多样化的特点。因此，在新的发展阶段，需要贯彻新发展理念，加快构建新发展格局，不断增强人民群众的获得感、幸福感、安全感。

[生词]

1. 状况 zhuàngkuàng	（名）	situation
2. 指标 zhǐbiāo	（名）	indicator
3. 举世瞩目 jǔshìzhǔmù	（成语）	attract worldwide attention
4. 稳居 wěnjū	（动）	to retain its position
5. 肆虐 sìnüè	（动）	to rage
6. 冲击 chōngjī	（名）	impact
7. 突破 tūpò	（动）	to break through
8. 因素 yīnsù	（名）	factor
9. 地域 dìyù	（名）	territory
10. 辽阔 liáokuò	（形）	vast
11. 兼顾 jiāngù	（动）	to balance between

① 小康社会：中国20世纪70年代末和80年代初提出的经济发展目标。

12. 小康 xiǎokāng	（形）	well-off
13. 矛盾 máodùn	（名）	contradiction
14. 转化 zhuǎnhuà	（动）	to transform
15. 贯彻 guànchè	（动）	to carry out
16. 构建 gòujiàn	（动）	to construct

从吃饱到吃好

历史上，丰衣足食一直是普通百姓的美好愿望。直到20世纪80年代，中国才基本解决了困扰人们几千年的贫困问题。由于连年战乱和社会动荡，粮食等生活资料极度匮乏，中华人民共和国成立后，曾经一度实行城镇居民粮食供应制度。随着生产力发展和物质的不断丰富，20世纪90年代起，这项实行了40年的物资分配制度终于“寿终正寝”。与此同时，人们对饮食的要求相应地由吃饱发展为吃好，老百姓的餐桌发生了巨大变化。

以往人们习惯上将食物分为主食和副食两大类：主食，顾名思义，就是主要食物，一般指用五谷杂粮制作的食物，如米饭、面条、馒头等；副食，则是指鱼、肉、蔬菜等。主食又被分成粗粮和细粮两类，大米和面粉被称为细粮，其余的主食为粗粮。从前米面匮乏，百姓餐桌上的主食大多是玉米面、红薯面等粗粮，鲜见大米、白面。餐桌上的菜品更是单调，少有荤腥。这样的饮食结构带来的是营养不良等健康问题。然而现在，百姓餐桌上的食物日益丰富，品类和质量也在不断提升。从城市商店到乡村集市，粗粮、细粮一应俱全，蔬菜、鱼、肉林林总总，水果、零食目不暇接。可以说，实现了从“有啥吃啥”到“吃啥有啥”的巨变。

值得一提的是，如今吃粗粮成了一种新时尚。人们吃粗粮是为了健康，因为伴随饮食结构和现代生活方式的变化，肥胖、高血压、脂肪肝、糖尿病、痛风等一些所谓“富贵病”[①]的发病率逐年提高，成为健康新威胁。由此，均衡膳食、吃出健康成为人们当下的新追求。

[生词]

1. 丰衣足食 fēngyīzúshí	(成语)	have ample food and clothing
2. 愿望 yuànwàng	(名)	wishes
3. 贫困 pínkùn	(名)	poverty
4. 战乱 zhànluàn	(名)	chaos caused by war
5. 动荡 dòngdàng	(名)	unrest
6. 匮乏 kuìfá	(形)	short of
7. 粮食 liángshi	(名)	food
8. 供应 gōngyìng	(动)	to supply
9. 寿终正寝 shòuzhōngzhèngqǐn	(成语)	come to an end
10. 顾名思义 gùmíngsīyì	(成语)	as the name implies
11. 五谷杂粮 wǔgǔzáliáng	(成语)	mixed grains
12. 荤腥 hūnxīng	(名)	meat and fish
13. 一应俱全 yīyīngjùquán	(成语)	available in all varieties
14. 林林总总 línlínzǒngzǒng	(成语)	all kinds of
15. 目不暇接 mùbùxiájiē	(成语)	too many things to see
16. 威胁 wēixié	(名)	threat
17. 膳食 shànshí	(名)	diet

① 富贵病：指由于生活条件改善导致的营养过剩引起的疾病。

从脱贫攻坚[1]到乡村振兴

“贫穷限制了我的想象力”作为网络流行语，常用于自嘲，但也说明贫穷的现实和残酷。消除贫困是世界性难题，各国政府都在采取一定措施加以应对。由于人口多，底子薄，中华人民共和国成立直至改革开放[2]之前，中国是世界上贫困人口最多的发展中国家之一。

改革开放后，中国开展了真正意义上的扶贫工作，目标逐步明确，路径和步骤也逐步清晰。在保护生态的前提下，因地制宜，国家投入大量人力物力，开发符合当地特点的扶贫项目，实现精准扶贫。2020 年 11 月 23 日，贵州宣布最后 9 个深度贫困县退出贫困县序列，标志着全国 832 个贫困县全部脱贫“摘帽”，脱贫攻坚目标任务已经完成。

打赢脱贫攻坚战，同时也意味着中国率先完成联合国提出的千年发展目标中的减贫目标。2021 年中国实现了全面建成小康社会的第一个百年奋斗目标——历史性解决了困扰中华民族

---

① 脱贫攻坚：指中国政府 2015 年起推行的全面扶贫计划，意在通过脱贫攻坚战实现消除贫困、改善民生、共同富裕。

② 改革开放：1978 年 12 月中国共产党第十一届中央委员会第三次全体会议后开始实行的对内改革、对外开放的政策。

几千年的绝对贫困问题，为全球减贫事业发展和人类文明进步做出重大贡献。

把实现巩固拓展脱贫攻坚成果同乡村振兴有效衔接摆在首要位置，是“十四五”时期“三农”工作的重要任务。从扶贫减困、脱贫攻坚到乡村振兴，探索形成一条中国特色减贫道路。

然而，必须看到，中国绝对贫困人口消除之后，相对贫困的问题将会日益凸显。众所周知，当下东部和中、西部地区经济发展水平悬殊，地区内部经济发展也不平衡，社会贫富差距较大，城乡差距显著。相对于绝对贫困，相对贫困的解决更为复杂，难度也更大，绝非一朝一夕之功。

[生词]

1. 振兴 zhènxīng	（动）	to prosper
2. 贫穷 pínqióng	（名）	poverty
3. 自嘲 zìcháo	（名）	self-deprecation
4. 残酷 cánkù	（形）	cruel
5. 消除 xiāochú	（动）	to eliminate
6. 采取 cǎiqǔ	（动）	to take
7. 措施 cuòshī	（名）	measures
8. 扶贫 fúpín	（动）	to alleviate poverty
9. 生态 shēngtài	（名）	ecology
10. 因地制宜 yīndìzhìyí	（成语）	adjust measures to local condition
11. 精准 jīngzhǔn	（形）	targeted

12. 贡献 gòngxiàn	（名）	contribution
13. 巩固 gǒnggù	（动）	to consolidate
14. 衔接 xiánjiē	（动）	to link up
15. 日益 rìyì	（副）	increasingly
16. 悬殊 xuánshū	（形）	disparity
17. 一朝一夕 yīzhāoyīxī	（成语）	in one single day

走进历史博物馆的农业税[①]

白居易[②]有诗写道："家田输税尽，拾此充饥肠。"诗句描述的是缴纳赋税后农家只能靠捡麦穗充饥的可怜处境。

税收制度与百姓生活息息相关。中国历史上长期实行土地税为主、商税为辅的税收制度。农业税是土地税在农村计税的一种重要形式，史称"田赋"，俗称"公粮"。

历史上，不同时期统治者曾经推行过多种形式的减税政策，并先后出现"文景之治""贞观之治""康乾盛世"等清明盛世时期。在一些特殊年份，还曾实施免税政策。比如，宋朝建立之初为了鼓励生产，恢复生产力，宋太祖赵匡胤下令，对百姓种植桑树、枣树，开辟荒田等，停征租税。但终因生产力不发达，政策没有长久贯彻下去。

2006年1月1日起，中国全面取消农业税，标志着沿袭两千多年的农业税彻底成为历史。农业税的废除，不仅是一个税种的历史终结，更是中国税务体系的重大变革。作为解决"三农"问题的重要举措，取消农业税从根本上解除了农民的税收

① 农业税：国家对从事农业生产、有农业收入的单位和个人征收的一种税。

② 白居易：唐朝著名诗人，也被称为"诗魔"。

负担。更重要的是，它推动了中国城乡经济和社会均衡发展，促进了社会公平，是中国经济结构升级和综合国力提升的体现。

除了废除农业税，国家还为农民提供农业补贴。系列政策的实施使得农民的生活条件得以改善，农村面貌发生日新月异的变化。农业税从征收到废除，再到发放农业补贴，记录着中国农业政策的沧桑巨变。

[生词]

1. 博物馆 bówùguǎn	（名）	museum
2. 缴纳 jiǎonà	（动）	to pay
3. 赋税 fùshuì	（名）	taxes
4. 麦穗 màisuì	（名）	ear of wheat
5. 处境 chǔjìng	（名）	situation
6. 税收 shuìshōu	（名）	revenue
7. 息息相关 xīxīxiāngguān	（成语）	closely related
8. 推行 tuīxíng	（动）	to carry out
9. 减税 jiǎnshuì	（动）	to reduce tax
10. 特殊 tèshū	（形）	special
11. 实施 shíshī	（动）	to put into practice
12. 免税 miǎn//shuì	（动）	to exempt tax
13. 开辟 kāipì	（动）	to open up
14. 取消 qǔxiāo	（动）	to abolish
15. 沿袭 yánxí	（动）	to follow
16. 废除 fèichú	（动）	to abolish
17. 综合 zōnghé	（形）	comprehensive
18. 补贴 bǔtiē	（名）	subsidy

便民的“一网通办”

“一网通办”是一个集成政务数据的功能平台，群众只要进入门户网站就可以办理不同领域的事项，再也不必辗转多个部门逐一审批盖章了。这是大数据技术[1]推动政务服务从“群众跑路”向“数据跑路”的巨大转变。“一网通办”给办事方式和办事效率带来了革命性的变革。这一便民举措，赢得人们的广泛好评，“一网通办”因此获评2018年度民生专题十大流行语。

目前很多省市“一网通办”小程序和网站已经上线。以上海为例，“一网通办”总门户2018年10月17日正式上线，到2021年“一网通办”已经设立3376项服务事项。打开“一网通办”的网页，就可以看到房屋、车辆、居住、医护资质等主题的集成服务。市民和企业可以通过这些窗口办理预约、预审、进度查询、快递送达等业务。

上海“一网通办”推出多个市民关注度较高的服务，如企业缴税、公民出生、医疗付费等，实现“一件事，零次跑，一

---

① 大数据：即big data，IT行业术语，被视为海量、高增长率和多样化的信息资产。

次办”，提升了城市政务服务的温度和速度。G60 科创走廊[①]的九座城市政务“一网通办”，作为协同融合发展平台，现已成为政府优化民生环境的一张重要名片。

在实践过程中，各地“一网通办”也在不断完善和优化服务功能和操作界面。例如，上海针对老年人开发的“长者专版”已上线，让智慧社会建设的成果惠及千家万户。

[生词]

1. 窗口 chuāngkǒu	（名）	window
2. 集成 jíchéng	（动）	to integrate
3. 功能 gōngnéng	（名）	function
4. 辗转 zhǎnzhuǎn	（动）	to move from
5. 审批 shěnpī	（动）	to approve
6. 盖章 gàizhāng	（短语）	to stamp
7. 上线 shàng//xiàn	（动）	to become online
8. 预约 yùyuē	（动）	to make an appointment
9. 预审 yùshěn	（动）	to make preliminary review
10. 进度 jìndù	（名）	progress
11. 查询 cháxún	（动）	to check
12. 缴税 jiǎo//shuì	（动）	to pay taxes
13. 医疗 yīliáo	（名）	medical treatment

① G60 科创走廊：包括上海、嘉兴、杭州、金华、苏州、湖州、宣城、芜湖、合肥等 9 个城市，在长三角更高质量一体化发展中发挥引擎作用。

14. 实践 shíjiàn	（名）	practice
15. 界面 jièmiàn	（名）	interface
16. 智慧 zhìhuì	（形）	smart
17. 惠及 huìjí	（动）	to benefit

快递——一种新行业

62 岁的老顾正在小区里和人下棋，忽然手机响了，他接了电话就要匆匆回家。“我在网上买的东西到了，快递送到家门口了，我得先回去一趟。”收快递已经成为老顾日常生活的一部分，也成为很多人习以为常的事情。

快递也叫速递或快运，就是将文件或包裹送到收件人手中，是一种运输新形式。快递有国内快递、国际快递、同城快递等。随着网上购物的普及，快递服务行业也随之发展起来。如今，快递公司和配送网点遍布城市的各个区域，快递员骑着摩托车穿梭在大街小巷的场景随处可见。顺丰、中通、申通、圆通等，都是大家耳熟能详的快递公司，他们之间既有竞争，也有互补，共同为人们提供便捷的服务。

为了提高快递服务质量，很多公司还推出了各项线上业务，在微信公众号[1]或小程序[2]上就可以随时预约寄件、查询快件位置。“以前要给外地亲友寄点特产，得去邮局，现在只要网上一预约，在家门口把东西交给快递员就行了，真是太方便了。”老顾说。

除了方便人们的生活，快递行业也为人们提供了许许多多的工作岗位。例如，分拣员、快递员、理货员、客服等，这些工作岗位解决了一些人的就业问题。

人们生活水平提高了，对新鲜事物的接受程度也越来越高了，越来越多像老顾这样的中老年人，也习惯了使用快递业务。快递已经成为经济增长新亮点，极大地便利了人们的日常生活。

[生词]

1. 下棋 xià//qí	（动）	to play chess
2. 匆匆 cōngcōng	（形）	hurried
3. 习以为常 xíyǐwéicháng	（成语）	be accustomed to
4. 文件 wénjiàn	（名）	files
5. 包裹 bāoguǒ	（名）	parcel
6. 遍布 biànbù	（动）	to spread all over
7. 穿梭 chuānsuō	（动）	to shuttle back and forth
8. 场景 chǎngjǐng	（名）	scene
9. 耳熟能详 ěrshúnéngxiáng	（成语）	very familiar with
10. 互补 hùbǔ	（动）	to complement
11. 亮点 liàngdiǎn	（名）	highlights

① 公众号：用户在微信公众平台上申请应用账号，以文字、图片、语音、视频等形式实现与特定对象的线上线下微信互动的营销方式。

② 小程序：一种不需要用户下载安装即可使用的应用程序。

今天你“打卡[1]”健身了吗?

2008 年 8 月 8 日是一个特别的日子，这一天中国首次举办奥林匹克运动会。次年起，8 月 8 日被定为中国的“全民健身日”。

谈到锻炼身体，以前人们最先想到的是清晨公园里打太极拳[2]的老人，或是校园里上体育课的学生，而现在注重运动的健康理念已逐渐深入人心。除了中老年人，年轻人也纷纷加入

① 打卡：最初是指把磁卡放在磁卡机上读取相关信息，后特指工作人员上下班时把考勤卡插入磁卡机中记录出勤或下班时间，现在泛指“签到”“登记”。

② 太极拳：一种中国武术拳法，入选联合国教科文组织人类非物质文化遗产代表作目录。联合国教科文组织：联合国的专门机构之一，是“联合国教育、科学及文化组织”的简称。

养生队伍，运动成为健康生活中必不可少的一环。

体育锻炼成为现代都市生活的新时尚，运动的形式也越来越多样化，除了传统的跑步、游泳、散步等，山地、户外、冰雪运动也蓬勃发展，成为社会消费的新热点。运动还成为一种新的社交方式，女性为主的中老年人每天风雨无阻的广场舞[①]，健身俱乐部里年轻人的“打卡”健身，都是社交的新方式。

《全民健身计划》（2016—2020年）颁布后，激励了更多的民众享受运动快乐，收获身心健康。全民健身的热潮即使在新冠肺炎疫情期间也没有消退，很多健身房纷纷推出线上课程，带领学员居家锻炼，日常生活中的椅子和桌子都“变身”健身器材。线上的健身赛事也同样紧锣密鼓地开展，线上马拉松等赛事吸引了很多健身“达人”参与其中。

第24届冬奥会和第13届冬残奥会，带火了冰雪运动，实现了带动3亿中国人参与冰雪运动的目标，有力地推动了“健康中国”的建设。

为了支持全民健身，很多城市的空地和绿地改建为健身场所，以满足人们的健身需求。今天健身已经融入人们的日常生活，成为一种新的生活习惯。你还“宅”在家里吗？赶紧出门动起来吧。

---

① 广场舞：一种以健身为目的的集体舞形式，参与者多为女性中老年人。

［生词］

1. 健身 jiànshēn	（名）	fitness workout
2. 举办 jǔbàn	（动）	to host
3. 锻炼 duànliàn	（名）	to do physical training
4. 注重 zhùzhòng	（动）	to value
5. 深入人心 shēnrùrénxīn	（成语）	sink deep into hearts of the people
6. 养生 yǎngshēng	（名）	wellness
7. 都市 dūshì	（名）	city
8. 时尚 shíshàng	（名）	fashion
9. 风雨无阻 fēngyǔwǔzǔ	（成语）	regardless of weather conditions
10. 俱乐部 jùlèbù	（名）	club
11. 颁布 bānbù	（动）	to issue
12. 激励 jīlì	（动）	to inspire
13. 热潮 rècháo	（名）	boom
14. 变身 biànshēn	（短语）	to turn into
15. 紧锣密鼓 jǐnluómìgǔ	（成语）	amid intensive beating of drums and gongs (idiomatic description of activities in full swing)
16. 马拉松 mǎlāsōng	（专名）	marathon
17. 达人 dárén	（名）	expert

世界这么大，我想去看看

2015 年，一封辞职信“火”了起来，原因是辞职的理由只有 10 个字——“世界那么大，我想去看看”。这封有点“任性”的辞职信在一定程度上反映了当下中国人出国旅游的热潮。

改革开放之前，出国对于很多中国人来说是遥不可及的。然而，随着生活水平的提高，不少中国人把出国游作为休假的一种方式。被誉为“上帝的眼泪”的斯里兰卡、象征古罗马文明的罗马角斗场、素有“地球伤疤”之称的东非大裂谷，埃及金字塔、巨石阵、马丘比丘印加遗址之谜，都吸引着中国游客去探秘赏景。除了赏美景，品尝当地美食也是不可错过的体验。优雅细腻的法国大餐、艺术品般的意大利菜、浓香可口的泰国菜、新鲜精致的日本料理，也呼唤游客们去一饱口福。

为了迎接中国游客，很多国家的机场、景点都设置了中文标识，有些城市和商店还引入了中国游客习惯使用的电子支付方式，如微信和支付宝支付，还有的商店可以刷银联卡，大大提升了消费便利程度。

人们出国游的方式也发生了很大变化：由最初的跟团游[①]到半自助游再到背包客[②]的自由行，“穷游[③]”成为不少年轻人喜爱的旅行方式。游历归来的人们在各大社交网络平台上分享个人的旅行攻略，为即将出游的人们提供参考和借鉴。

神奇瑰丽的自然景观，多姿多彩的世界文化，吸引着越来越多的人走出国门，看看外面的世界。出国游拓展了人们的视野，开阔了胸襟，让更多人学会包容和理解，更加珍爱人类创造的多样文明。

［生词］

1. 辞职 cízhí	（动）	to resign
2. 任性 rènxìng	（形）	willful
3. 遥不可及 yáobùkějí	（成语）	out of reach
4. 度假 dù//jià	（动）	to take a holiday
5. 象征 xiàngzhēng	（动）	to symbolize
6. 伤疤 shāngbā	（名）	scar

① 跟团游：指报名参加旅行社组织的出国旅游。

② 背包客（Backpacker）：又称“驴友”，是指几个人或者独自一人背着背包做长途自助旅行的人。

③ 穷游：是一种旅游方式，指在自由旅行的同时，最大限度地省钱。

7. 遗址 yízhǐ	（名）	historic site
8. 探秘 tàn//mì	（动）	to explore mystery
9. 优雅 yōuyǎ	（形）	elegant
10. 细腻 xìnì	（形）	delicate
11. 精致 jīngzhì	（形）	exquisite
12. 口福 kǒufú	（名）	the luck to eat something delicious
13. 设置 shèzhì	（动）	to set
14. 标识 biāoshí	（名）	logo
15. 引入 yǐnrù	（动）	to introduce
16. 攻略 gōnglüè	（名）	strategy
17. 借鉴 jièjiàn	（动）	to use for reference
18. 神奇瑰丽 shénqíguīlì	（短语）	exotic and beautiful
19. 多姿多彩 duōzīduōcǎi	（成语）	colorful
20. 胸襟 xiōngjīn	（名）	mind
21. 包容 bāoróng	（动）	to be inclusive

古老中医[①]的“青春范儿”

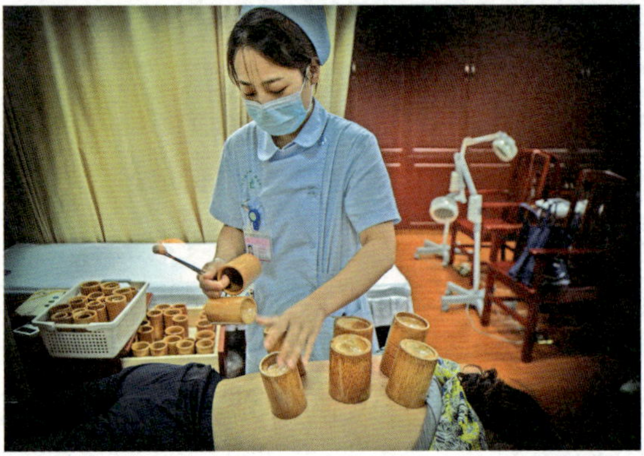

感冒不需要抗病毒治疗？骨折不需要做手术？扎针也能治病？天呐，喝汤药也能治疗新冠病毒感染？没错，这些中医都能做得到。

中医是起源于中国、由中国劳动人民以朴素唯物主义哲学思想为指导而发展形成的一门医学，为中华民族几千年的健康保驾护航。在中国人的日常生活中，时时刻刻都能看到中医的影响。

① 中医：中国传统医学的简称，以中医药理论和实践经验为主体。

用针治病，就是中医的针灸疗法。中医理论认为，身体上有一条条的经络，每条经络上又分布着很多的穴位，如果经络或者穴位堵塞，那么身体就会出现问题。这时候，只需要用一根针灸针扎到穴位上，问题就迎刃而解。患者一点都不疼，而且不会出血，很神奇吧！

最神奇的还是中药。举个例子，一个人感冒了，发烧、流鼻涕、怕寒。这时候现代医学需要验血才能确诊，然后医生给病人开些药物服用或注射治疗。碰到这种情况中医会告诉病人感冒是因为受寒了。为什么会受寒呢？也许是因为人们出汗后脱衣服，寒气这时候就从毛孔里钻进来，那就需要把寒气逼出来。怎么办？两千年前流传至今的《伤寒杂病论》[①] 里记载的桂枝汤方就可以，一副汤药喝下去，身体出点汗就好了！不信下次你也试试。

对了，还有中医的推拿按摩，这是用手或肢体其他部位的动作来防治疾病的一种外疗法，还有艾灸、刮痧、药敷、气功、食疗等许多疗法。

在中国，中医不仅是医学，也是中国人关于健康的哲学，第 24 届冬奥会上中医还在为各国运动员伤痛治疗上大显身手了呢。

①《伤寒杂病论》：中国传统医学著作之一，作者是东汉时期的名医张仲景。

[生词]

1. 抗病毒 kàng//bìngdú	（形）	antiviral
2. 骨折 gǔzhé	（名）	bone fracture
3. 呐 na	（语气）	utterance particle to show surprise
4. 汤药 tāngyào	（名）	decoction
5. 起源 qǐyuán	（动）	to originate from
6. 朴素 pǔsù	（形）	simple
7. 唯物主义 wéiwùzhǔyì	（专名）	materialism
8. 保驾护航 bǎojiàhùháng	（成语）	idiomatic expression meaning "safeguard"
9. 经络 jīngluò	（名）	meridians and collaterals
10. 穴位 xuéwèi	（名）	acupoint
11. 堵塞 dǔsè	（动）	to block
12. 迎刃而解 yíngrènérjiě	（成语）	be readily solved
13. 验血 yàn//xiě	（动）	make a blood test
14. 感染 gǎnrǎn	（名）	infection
15. 注射 zhùshè	（动）	to inject
16. 毛孔 máokǒng	（名）	pores
17. 逼 bī	（动）	to force
18. 推拿按摩 tuīnáànmó	（专名）	massage
19. 肢体 zhītǐ	（名）	body
20. 艾灸 àijiǔ	（专名）	moxibustion
21. 刮痧 guā//shā	（专名）	scrape therapy
22. 气功 qìgōng	（专名）	Qigong (a system of deep breathing exercises)

蓝蓝的天上白云飘

“蓝蓝的天上白云飘，白云下面马儿跑。挥动鞭儿响四方，百鸟齐飞翔。”这是一首富有浓郁民族风格和地方色彩的歌曲，描绘了一幅美丽动人的草原景色，非常令人神往。

然而，随着城镇化、工业化进程的加快和对土地的过度开发，歌曲所描绘的美丽景色曾经一度成为儿时的记忆。人类活动的增加和工业生产、化石能源消耗，还导致全球气候变暖，极端天气增加。厄尔尼诺现象和拉尼娜[①]现象频繁出现，一些地区洪灾暴发，疫病流行。人类活动的加剧，还导致一些物种

---

① 厄尔尼诺（西班牙语：El Niño）现象：发生在热带太平洋海温异常增暖的一种气候现象；拉尼娜（西班牙语：La Niña）现象：指太平洋中东部海水异常变冷的情况。

消失，世界生物多样性受到威胁。

工业生产、农牧业开垦等人类活动同时造成大气污染。不但蓝天白云的日子少了，有时还出现雾霾天和沙尘暴。因此，近年来 PM2.5[①] 含量成为评价空气质量的一个重要指标。空气质量与人类健康的关系密切，根据世界卫生组织发布的报告，人类 68% 的疾病是由空气污染引起的。

地球是人类的母亲，是人们赖以生存的家园。2012 年，中国提出经济、政治、文化、社会、生态文明“五位一体”发展理念，通过转变发展方式，建设美丽中国，实现人与自然和谐共生，在城镇化进程中，“望得见山，看得见水，记得住乡愁”。

[生词]

1. 鞭 biān	（名）	whip
2. 飞翔 fēixiáng	（动）	to fly
3. 浓郁 nóngyù	（形）	rich
4. 风格 fēnggé	（名）	style
5. 描绘 miáohuì	（动）	to describe
6. 令人神往 lìngrénshénwǎng	（成语）	fascinating
7. 一度 yīdù	（副）	once
8. 能源 néngyuán	（名）	energy sources

① PM2.5：指环境空气中直径小于 2.5 微米的颗粒物，可以长时间悬浮于空气中。

9. 频繁 pínfán	（形）	frequent
10. 洪灾 hóngzāi	（名）	flood
11. 疫病 yìbìng	（名）	epidemic disease
12. 加剧 jiājù	（动）	to aggravate
13. 开垦 kāikěn	（动）	to reclaim
14. 雾霾 wùmái	（名）	haze
15. 疾病 jíbìng	（名）	disease
16. 赖以 làiyǐ	（动）	to rely on
17. 和谐 héxié	（形）	harmonious
18. 乡愁 xiāngchóu	（名）	homesickness

垃圾分一分，生活美十分

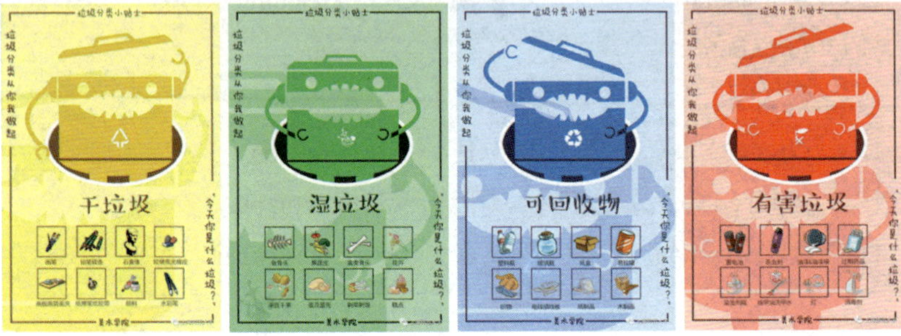

上海是中国最早实行垃圾分类的城市。经过多年的试点和摸索，上海于 2019 年 7 月 1 日开始正式实施垃圾分类，并制定被称为“史上最严”垃圾分类规定——对没有将生活垃圾分类投放的个人可处以最高 200 元的罚款。

垃圾分类实施之初，如何正确分类对很多市民来说是个难题，长期形成的不分类的习惯一时也很难改变。为此，很多小区垃圾投放处有专人管理和提示。网友还总结了一套简单易行的分类指南：“猪能吃的是湿垃圾，猪不能吃的是干垃圾，猪吃了会死的是有毒垃圾，卖了可以买猪的是可回收垃圾。”但在实际生活中，这套口诀并不是万能的。面对不确定类别的垃圾，市民可以通过“垃圾分类”微信小程序来给垃圾找到自己的“家”。一时间，市民们学习垃圾分类的热情高涨。

垃圾分类现已在很多国家，特别是发达国家中陆续推行。垃圾分类具有社会、经济和生态等多方面的效益：首先，可以减少垃圾处理的成本和对土地资源的消耗；其次，可以提高垃圾的资源价值和经济价值，实现部分回收再利用；再次，减少垃圾堆放或填埋导致的土壤和地下水污染，改善人类的生存环境。

“垃圾分类”成为“2019年中国媒体十大流行语”之一。正像垃圾分类宣传语说的那样“垃圾分一分，生活美十分”，垃圾分类正成为越来越多市民的生活新风尚。

[生词]

1. 试点 shìdiǎn	（动）	to pilot
2. 摸索 mōsuǒ	（动）	to grope
3. 罚款 fákuǎn	（名）	fine
4. 指南 zhǐnán	（名）	guide
5. 湿垃圾 shīlājī	（短语）	wet waste
6. 干垃圾 gānlājī	（短语）	dry waste
7. 有毒 yǒudú	（形）	poisonous
8. 可回收 kěhuíshōu	（形）	recyclable
9. 口诀 kǒujué	（名）	catchphrase
10. 一时间 yīshíjiān	（短语）	all of a sudden
11. 陆续 lùxù	（副）	one after another
12. 堆放 duīfàng	（动）	to pile up
13. 填埋 tiánmái	（动）	to fill in
14. 土壤 tǔrǎng	（名）	soil
15. 媒体 méitǐ	（名）	media
16. 风尚 fēngshàng	（名）	fashion

从独生子女[①]到全面三孩

为了控制人口数量，提高人口素质，20 世纪 70 年代末，中国推行计划生育[②]，提倡"一对夫妇生育一个子女"的"独生子女"政策，使人口的增长同经济和社会发展计划相适应。

"独生子女"政策的实施，使家庭规模减小，也使社会人口构成发生变化。独生子女家庭节约了社会资源，转变了过去"越穷越要生孩子"的生育观念，同时极大地推动了教育的普及。与此同时，独生子女政策也产生了一些新问题。比如，独

① 独生子女：指一对夫妻生育的唯一的孩子。
② 计划生育：是指按人口政策有计划的生育。

生子女长大之后，会形成新的“4+2+1”家庭模式，即一对夫妻要照顾四个老人、养育一个孩子。独生子女夫妇养老和育儿的负担加重，社会人口老龄化[①]问题也逐渐凸显出来。人口不再是数量问题，而转变为结构问题。

为了解决这些新问题，2016 年 1 月和 2021 年 5 月，中国先后实行“全面二孩”和“全面三孩”政策，就是允许 1 个家庭有 2 个或 3 个孩子，并于 2021 年 8 月将“全面三孩”政策写入《中华人民共和国人口与计划生育法》。

对于不断调整的生育政策，正值生育年龄夫妇的态度大体分为两种：一种是觉得独生子女太孤单，愿意再给孩子生个伴儿；另一种不愿意再要孩子，因为育儿成本太高，住房、医疗、教育和生活压力大。

针对出生人口仍然呈现下降的趋势，各地先后推出“三孩政策”配套支持措施，比如延长产假、落实生育保险等以增强人们的生育意愿，出台“双减政策”缓解教育压力等后续问题。

独生子女政策是特殊环境下的产物。随着社会发展变化，年轻人的婚育观念也在发生巨大变化：有的坚持传统的“男大当婚，女大当嫁”，有的选择“丁克家庭”[②]，也有选择“不婚主义”的。政策的不断调整和个体选择的多元化体现时代的发展和进步。

---

① 老龄化：指总人口中老年人的比例增长的动态发展趋势。

② 丁克家庭：指不生孩子的工薪阶层夫妻，夫妻“双收入、无子女”。

[生词]

1. 控制 kòngzhì	（动）	to control
2. 素质 sùzhì	（名）	quality
3. 生育 shēngyù	（动）	to give birth to
4. 提倡 tíchàng	（动）	to advocate
5. 规模 guīmó	（名）	scale
6. 构成 gòuchéng	（动）	to compose
7. 养育 yǎngyù	（动）	to bring up
8. 负担 fùdān	（名）	burden
9. 全面 quánmiàn	（形）	comprehensive
10. 调整 tiáozhěng	（动）	to adjust
11. 孤单 gūdān	（形）	lonely
12. 呈现 chéngxiàn	（动）	to show
13. 趋势 qūshì	（名）	trend
14. 配套 pèi//tào	（动）	to match
15. 多元化 duōyuánhuà	（形）	diversified

提前到来的老龄化

一般认为，当一个国家或者地区60岁以上的老年人口占总人口10%，或者65岁以上的老年人口达到总人口7%时，该国家或者地区进入老龄化社会。按此标准，中国2000年已经步入老龄化社会。而且，20年来，中国老龄化程度不断加深。

“老龄化”问题跟人口问题、贫困问题一样，都是世界性难题。面对程度不断加深的“老龄化”，根据特定国情和养老传统，中国不断摸索和尝试新的养老之路。

传统文化中，将“养儿防老”视为天经地义。当下，除少数无依无靠的孤寡老人依靠国家或者乡村集体供养外，家庭养老几乎仍然是绝大部分中国人的自觉选择。然而，由于20世纪80年代开始实行独生子女政策，一些“双独子女家庭”[①]——一对年轻的夫妻面对4个老人，很难完全承担起赡养父母的责任。“养老”的主体责任逐步由家庭过渡到国家或社会。

从国家层面上来说，需要不断完善社会保障制度，健全

① 双独子女家庭：指夫妻双方都是独生子女构成的家庭。

养老保险体系；从社会层面上来说，养老服务业也按下了“快进”键，养老机构的数量快速增加，服务品质也在不断提升。

居家养老作为兼顾传统观念和现代需求的一种养老新模式，它以家庭为核心，以社区为依托，以专业化服务为依靠，为居住在家的老人提供以解决日常生活困难为主要内容的社会化服务。服务范围覆盖日常生活、医疗保健、精神生活等方面，实现让老人在不离家的情况下也能老有所养的目标。

汉语常用“夕阳”形容进入迟暮之年[①]的老人。面对新的养老模式，广大老年人也在积极行动。他们乐观面对生活，在“老有所养”的同时追求“老有所乐”“老有所学”，书写着别样的“夕阳红”。

[生词]

1. 程度 chéngdù	（名）	degree
2. 特定 tèdìng	（形）	specific
3. 国情 guóqíng	（名）	national conditions
4. 尝试 chángshì	（动）	to experiment with
5. 天经地义 tiānjīngdìyì	（成语）	right and unalterable
6. 孤寡 gūguǎ	（形）	single or widowed
7. 供养 gōngyǎng	（动）	to support
8. 自觉 zìjué	（形）	conscious
9. 承担 chéngdān	（动）	to undertake

① 迟暮之年：天快黑的时候，用来代指晚年。

10. 赡养 shànyǎng	（动）	to support
11. 责任 zérèn	（名）	responsibility
12. 主体 zhǔtǐ	（名）	the main body
13. 过渡 guòdù	（动）	to shift from
14. 层面 céngmiàn	（名）	level
15. 保险 bǎoxiǎn	（名）	insurance
16. 品质 pǐnzhì	（名）	quality

智慧时代[①]的幸与痛

在移动互联网、大数据和云计算[②]快速发展的时代背景之下，人类的生产和生活方式发生了巨大变化。根据中国商务部网站消息，截至2020年底，中国网民数量约占全球网民的五分之一，成为全球最大的数字社会。

不同年龄段的人们通过互联网，开启了智慧生活。所谓“智慧生活”，就是基于互联网平台的一种全新的、智能化的生活方式。互联网已经融入人们的日常生活，只要动动指尖或鼠标，就可以实时查询各种信息，满足学习、交流和衣食住行等

① 智慧时代：指当下人们所生活的由电脑、互联网等信息传播工具日趋智能化作为特征的时代。

② 云计算：指通过网络“云”将巨大的数据计算处理程序分解成无数个小程序得到结果并返回给用户的计算方式。

全方位的需求。因此，人们对互联网依赖程度越来越高。后者在带给人类便捷、舒适、省力的同时，也在不知不觉中改变着人们的生活、行为和交往方式。

地铁里，候机时，几乎每个人都在看手机，甚至有的人走路时眼睛也一直盯着手机。人们用“机不离手，手不离机，一机在手，天长地久，机不在手，魂都没有”来形容离不开手机的“低头族”现象。除了“低头族”，互联网也带来其他问题，如阅读的碎片化、用户隐私泄露、垃圾信息强行推送等。与此同时，功能强大的服务、伸手易得的海量信息也使人们减少了动身、动手和动脑。有人担心长此以往，智慧化生活会不会导致大脑退化。

互联网的出现和发展推动了社会的极大进步，也改变了人们的生活、工作和思维方式，使不少人沉迷其中。良莠不齐的网络信息会对没有辨别能力的青少年造成“精神污染”，影响其身心健康。因此，对未成年人加强引导，使之健康科学地使用网络资源至关重要。

[生词]

1. 商务部 shāngwùbù	（专名）	Ministry of Commerce
2. 截至 jiézhì	（动）	up to
3. 智能化 zhìnénghuà	（形）	intelligentized
4. 满足 mǎnzú	（动）	to meet
5. 需求 xūqiú	（名）	needs
6. 依赖 yīlài	（名）	reliance

7. 交往 jiāowǎng	（动）	to interact
8. 魂 hún	（名）	soul
9. 碎片化 suìpiànhuà	（名）	fragmentation
10. 隐私 yǐnsī	（名）	privacy
11. 泄漏 xièlòu	（动）	to leak
12. 强行 qiángxíng	（副）	forcibly
13. 推送 tuīsòng	（动）	to push
14. 智商 zhìshāng	（名）	intelligence quotient (IQ)
15. 退化 tuìhuà	（动）	to degenerate
16. 思维 sīwéi	（名）	thinking
17. 沉迷 chénmí	（动）	to indulge
18. 良莠不齐 liángyǒubùqí	（成语）	a mix of good and bad
19. 至关重要 zhìguān zhòngyào	（短语）	extremely important

社保——老百姓的定心丸[①]

在中国，老百姓谈到工作的福利待遇，总会谈到“社保”。那“社保”是什么呢？“社保”通常指社会保险，即为无法参加工作、暂时失去工作或因健康问题造成损失的人提供收入或补偿的一种保险。“社保”主要包括养老保险、失业保险、工伤保险、医疗保险和生育保险，中国特色的社保还包括住房公积金[②]。

累计缴纳15年社会保险，退休以后参保人员可以按月领取养老金。失业保险交满一年，失业期间就能领取失业保险金。工伤保险保护工作人员在工作期间的生命安全，社会和企业承担意外伤害责任。在药店买药或去医院看病，可以通过医疗保险报销大部分费用。生育保险还为因怀孕中断工作的女性提供生育津贴并报销生育相关费用。住房公积金不但能让参保者享受低于商业贷款的贷款利率，而且公积金账户里的钱还可以用于偿还购房贷款。

---

① 定心丸：一种中药名，喻指能使人思想情绪安定下来的言语或行动。

② 住房公积金：工作单位和个人对等缴存的长期住房储蓄，是社会保障的一种。

上面说的这种城镇职工社保，覆盖与工作、生活相关的多方面内容，那么每个劳动者都能享有吗？答案是肯定的。社会保险让每一个劳动者减少后顾之忧，更好地投入到工作和生活中去。

没有工作单位的群体可以参加城乡居民社保，内容包括养老保险和医疗保险。相对而言，城乡居民社保的缴费水平较低，获得的待遇也相对较低，但也能为参保人提供相应的保障。

每一个参加社保的人都会拥有一张社会保障卡。很多城市还开通了电子社保卡[①]，使用起来更加方便快捷。据统计，截至2020年末，中国持有社保卡的人数已达13.35亿人，覆盖95%的人口和所有地市，社会保障“兜住”了基本民生底线[②]。

[生词]

1. 福利 fúlì	（名）	benefits
2. 待遇 dàiyù	（名）	treatment
3. 暂时 zànshí	（形）	temporary
4. 损失 sǔnshī	（动）	to lose
5. 补偿 bǔcháng	（动）	to compensate
6. 失业 shīyè	（名）	unemployment
7. 工伤 gōngshāng	（名）	work injury

① 电子社保卡：社会保障卡线上应用的有效电子凭证。

② 民生底线：指人民的最低生活保障线。

8. 累计 lěijì	（动）	to accumulate
9. 退休 tuìxiū	（动）	to retire
10. 意外 yìwài	（形）	accidental
11. 伤害 shānghài	（动）	to injure
12. 报销 bàoxiāo	（动）	to reimburse
13. 津贴 jīntiē	（名）	allowance
14. 利率 lìlǜ	（名）	interest rates
15. 偿还 chánghuán	（动）	to repay
16. 城镇 chéngzhèn	（名）	cities and towns
17. 后顾之忧 hòugùzhīyōu	（成语）	worries about the future
18. 相应 xiāngyìng	（形）	corresponding
19. 兜 dōu	（动）	to hold up

医保——健康保护伞

人人都希望远离疾病，拥抱健康。社会医疗保险，也就是医保，是在人们生病时，保障基本医疗需求的一种制度。

为了切实减轻民众的医疗负担，中国不断健全和完善医疗保险制度。20 世纪 80 年代，全国开始建立医保制度。2016 年 1 月，通过整合城镇居民的基本医保和农村合作医疗两项制度，逐步在全国建立起统一的居民医疗保险。当年年底，基本医疗全国联网起步，也就是说之后人们不在户籍所在地看病，也可以跨省用医保结算。

近年来，基本医疗保险覆盖的范围不断扩大，价格也有大幅调整。小到眼药水，大到手术治疗，医保都可以提供基本保障，大大减轻患者的后顾之忧。2021 年 12 月，又有 74 种药品进入医保目录，从 2022 年 1 月 1 日开始实行，可以为更多患者和他们的家庭减负。其中还包括一些治疗罕见病的药物，这些药物价格昂贵，进入医保目录之后，降低用药成本，也会大大减少患者的治疗费用。随着时代的发展，医保也从“保基本”逐步惠及更多方面。

为了使患者看病更加便捷，国家医保局在全国范围内推广应用医保电子凭证[①]，挂号、缴费、购药、住院等一应就诊流程，动动手指就可以在手机上完成，同时还开通了跨省异地就医结算服务，解决了异地看病和报销等难题，逐步改变“看病难、看病贵”的印象，真正为百姓的健康撑起保护伞。

［生词］

1. 保护伞 bǎohùsǎn	（名）	a protective umbrella
2. 拥抱 yōngbào	（动）	to embrace
3. 制度 zhìdù	（名）	system
4. 切实 qièshí	（形）	practical
5. 户籍 hùjí	（名）	household registration
6. 大幅 dàfú	（副）	by a wide margin
7. 减负 jiǎnfù	（动）	to reduce the burden
8. 罕见 hǎnjiàn	（形）	rare
9. 无奈 wúnài	（形）	helpless
10. 悲苦 bēikǔ	（形）	misery
11. 凭证 píngzhèng	（名）	certificate; proof
12. 住院 zhùyuàn	（动）	to be hospitalized
13. 就诊 jiùzhěn	（动）	to see a doctor
14. 一应 yīyìng	（代）	all; everything
15. 流程 liúchéng	（名）	procedures
16. 异地 yìdì	（形）	cross-provincial
17. 结算 jiésuàn	（动）	to settle accounts

① 医保电子凭证：指中国医保信息平台为参加医疗保险人员生成的医保身份识别电子证明。

居者有其屋[①]

安居乐业是很多人向往的人生境界。想要在一座城市定居，租房和买房是无法回避的话题。大城市的房价不断上涨，住房问题成了许多打工人[②]面对的一道难题。如今，这道难题有了多种解法。

家庭收入低、住房存在困难的家庭可以选择保障性住房。这是政府为中低收入住房困难家庭所提供的限定标准、限定收入或租金的住房。

如果低收入人群想要租住便宜的房子，可以选择廉租房。廉租房产权归政府或公共机构所有，特点是只租不卖。刚开

① 居者有其屋：指所有需要定居的人都应当有住所。

② 打工人：近年的网络流行语，是上班族的自称。

始，廉租房对房客的要求条件严苛，只面对拥有当地户籍的最低收入人群，从2014年起，出租的对象不再限制收入门槛，而且对户籍的要求也有所放松，比如上海廉租房的供应对象就由户籍人口[①]扩大为常住人口[②]。保障性住房的服务对象进一步扩大。

中低收入群体想要买房怎么办呢？经济适用房为这一群体提供了一种新的选择。经济适用房的供应对象主要是中等收入人群，房子产权归个人所有，价格相对较低。除此之外，不少城市还在尝试和推广共有产权住房。共有产权住房的价格低于当地商品房，由政府和购房人按份额共同拥有房屋产权。政府帮忙出钱，这大大降低了中低收入人群的购房压力。

中国还有不少城镇低收入家庭住在棚户区，房屋危旧，公共设施不完善，有些地区被称为“城中村[③]”。对于这种情况，国家大力开展棚户区改造和老旧小区改造。

中国有句俗语：“金窝银窝，不如自己的狗窝”，表明中国人对自家住房的重视。房子承载家庭的情感，是人们避风的港湾和心灵的栖息地。国家一系列住房保障措施满足了人们对于“居者有其屋”的民生期待。

---

① 户籍人口：指已经在经常居住地的公安户籍管理机关登记常住户口的人。

② 常住人口：指在某地居住半年以上的人。

③ 城中村：指在城市发展中，滞后于时代、生活水平低下的居民区。

[生词]

1. 境界 jìngjiè	（名）	state
2. 定居 dìngjū	（动）	to settle down
3. 回避 huíbì	（动）	to avoid
4. 保障性 bǎozhàngxìng	（形）	indemnificational
5. 扶持 fúchí	（动）	to support
6. 廉租房 liánzūfáng	（名）	low-rent housing
7. 产权 chǎnquán	（名）	property rights
8. 严苛 yánkē	（形）	tough
9. 门槛 ménkǎn	（名）	threshold
10. 经济适用房 Jīngjìshìyòngfáng	（名）	economically affordable housing
11. 商品房 shāngpǐnfáng	（名）	commercial housing
12. 份额 fèné	（名）	share
13. 棚户区 pénghùqū	（名）	shanty town
14. 改造 gǎizào	（动）	to rebuild
15. 承载 chéngzài	（动）	to carry
16. 港湾 gǎngwān	（名）	harbour
17. 栖息 qīxī	（动）	habitat

对口支援[1]与区域协同发展

中国疆域辽阔，由于自然、历史等多方面的原因，不同地区在经济发展、地域文化和教育资源等方面存在较大差异。为此，通过“对口支援”这一国家政策，解决区域发展不平衡的问题。简单来说，“对口支援”就是实力较强的一方帮助实力较弱的一方，主要体现在灾难、经济、医疗和教育等方面。

2008 年汶川大地震，是中华人民共和国成立以来破坏性最强、波及范围最广、灾害损失最重、救灾难度最大的一次地震。18 个省市迅速行动，分别对口支援四川、甘肃、陕西三省的重灾区。来自不同地区的支援队伍共同帮助灾区重建家园，使灾区人民尽快恢复了正常生活。

2020 年初，湖北省作为新冠疫情重灾区成为全球关注的焦点。除夕夜，万家团圆时，19 个省份的医务人员逆行出征，对口支援湖北 16 个地市州的疫情防控。

对口支援不但在危机时刻发挥作用，也为区域可持续发展注入强劲动力。中国先后启动北京、上海、天津、广东等多个

---

① 对口支援：一种国家政策性行为，通过经济较发达与不发达省/市结对建设，帮助后者发展。

省市对口援助西藏、新疆以及青海和四川藏区工程。同时，教育部还组织实施了北京大学、清华大学等14所高校对口支援西部地区高等院校建设计划。

对口支援作为具有鲜明中国特色的财政资源横向转移和区域合作机制，有利于调动全国资源，凝聚全国力量，缩小区域发展差距，推动区域协调发展，实现共同富裕的美好愿望。

[生词]

1. 支援 zhīyuán	（动）	to assist
2. 协同 xiétóng	（形）	coordinated
3. 疆域 jiāngyù	（名）	territory
4. 实力 shílì	（名）	strength
5. 灾难 zāinàn	（名）	disasters
6. 家园 jiāyuán	（名）	homeland
7. 焦点 jiāodiǎn	（名）	focus
8. 逆行 nìxíng	（动）	travel upstream
9. 写照 xiězhào	（名）	portrayal
10. 发挥 fāhuī	（动）	to bring about
11. 强劲 qiángjìng	（形）	powerful
12. 启动 qǐdòng	（动）	to launch
13. 鲜明 xiānmíng	（形）	distinctive
14. 财政 cáizhèng	（名）	finance
15. 凝聚 níngjù	（动）	to unite

3/教育篇

英国数学教育推广“上海魔法”①

“国际学生测试项目”（PISA）是世界上规模最大、影响最广的国际教育评估项目。这个项目每三年进行一次，对15岁学生的阅读、数学与科学等3门学科进行测试。2009和2012年，上海两次参加PISA测试都排名世界第一，这引起了世界对中国基础教育的高度关注。

2016年7月，英国政府宣布，未来几年中将投入4100万英镑用于提高英国数学教育质量，推广“上海模式”。2017年秋季，英国部分小学开始使用上海1至6年级数学课本、课本

① 素材来源：中新网《上海基础教育数学教材“漂洋过海”走进英国小学》（记者：陈静）和看看新闻《数学教育的“上海魔法”在伦敦管用吗》（记者：吴骥）。

练习部分和教师用书，共计36个品种。

截至2019年，英格兰地区有5000所公立学校先后迎来了上海数学教师的授课交流，旁听观摩的英国教师超过12000名。英国国家卓越数学教学中心小学部主任黛比·摩根说："管用的是'上海魔法'。师生之间的交流就像打乒乓一样有来有回，这让学生学的效果更好，也更享受学习数学。"

联合国教科文组织教师教育中心主任、上海师范大学张民选教授介绍道，中英数学教师交流项目的持续开展，引起了全球范围的广泛关注。美国、芬兰、南非、马来西亚、哥伦比亚等国的教育部以及联合国教科文组织、联合国儿童基金会和世界银行都来到上海，寻找上海基础教育的"奥秘"，同时邀请上海教师去授课交流或派教师来上海观摩学习。

将要在上海担任小学数学教师的王鹏说："上海的数学教育被越来越多全球发达国家所认可，能在上海做数学老师，我觉得很自豪。"

［生词］

1. 魔法 mófǎ	（名）	magic
2. 评估 pínggū	（动）	to evaluate
3. 高度 gāodù	（形）	highly
4. 投入 tóurù	（动）	to invest
5. 英镑 yīngbàng	（名）	pound
6. 共计 gòngjì	（动）	to sum up to
7. 授课 shòukè	（动）	to teach

8. 旁听 pángtīng	（动）	to audit
9. 观摩 guānmó	（动）	to observe
10. 管用 guǎnyòng	（形）	effective
11. 开展 kāizhǎn	（动）	to carry out
12. 关注 guānzhù	（动）	to focus on
13. 奥秘 àomì	（名）	secret
14. 全球 quánqiú	（名）	worldwide
15. 认可 rènkě	（动）	to recognize

安徽潜山有个“博士村”[①]

逆水村位于安徽省潜山市，距县城50公里，是一个普通的乡村。虽然全村只有3500多人，但1977年恢复高考之后，该村走出了29位博士，54位硕士，近300名本科生，因此逆水村又被称为“博士村”。也许你会好奇，一个经济落后的小山村，为什么能出现这么多的博士？

在逆水村，村民之间不比吃穿而比孩子成绩的观念，在一定程度上影响着孩子们，他们中间形成了“你追我赶，互不相让”的学风。一个村民组，家家都有学生；也有的普通家庭，培养出了好几名博士。直到今天，老人们依然鼓励年轻人，只有通过努力才能改变命运。

那些最早走出大山的大学生们，会以捐款助学的形式回报家乡，企业家储伯青就是其中一位。从1996年开始，储伯青每年固定捐款帮助5～10名村里的孩子。其他企业家也会通过建设幼儿园、帮助经济困难的学生等回报家乡，这大大减轻了当地政府的压力。

① 素材来源：中国青年报《“博士村”其实没有神话　中国乡村教育的“逆水”样本》（记者：王磊、王海涵）改编。

师资力量也是其中一个原因。为了吸引青年教师，潜山市教育局推出了相关政策，例如更加公平的积分制度，提高教师农村工作补贴和奖金等。除了丰厚的待遇，舒适干净的宿舍条件也必不可少。目前在潜山，35 平方米的房间，加上卫生间和洗脸池，正成为乡村教师宿舍的标配。

为了发展乡村教育，当地政府开始建设智慧学校，在这里，老师和学生每人都有一部平板电脑。政府也加大资金的投入，鼓励教师们外出参加教学活动，交流教学经验。

逆水村是改革开放以来中国乡村教育发展的代表。它不仅有绿水青山，也是文化之乡。在这里，山水环境与传统文明完美融合，让这座乡村充满了新时代的活力。

［生词］

1. 县城 xiànchéng	（名）	county town
2. 高考 gāokǎo	（名）	the college entrance examination
3. 学风 xuéfēng	（名）	style of study
4. 捐款 juān//kuǎn	（动）	to donate
5. 助学 zhù//xué	（动）	to help someone in his/her study
6. 回报 huíbào	（动）	to pay back
7. 企业家 qǐyèjiā	（名）	entrepreneurs
8. 师资 shīzī	（名）	teaching staff
9. 青年 qīngnián	（名）	young people
10. 教育局 jiàoyùjú	（名）	education bureau
11. 积分 jīfēn	（名）	points

12. 丰厚 fēnghòu	（形）	generous
13. 标配 biāopèi	（名）	standard allocation
14. 教学 jiàoxué	（名）	teaching
15. 活力 huólì	（名）	vitality

“大眼睛”女孩成才记[①]

1991年，一位记者接到任务，需要拍摄关于“希望工程”[②]主题的照片。于是,这位记者来到了安徽省金寨县的一所小学。那天，教室里正在上课，在许多孩子中间他发现了一双闪亮的大眼睛。这个大眼睛的女孩手握铅笔，认真看着黑板，害怕忽视老师在黑板上写的每一个字……女孩的眼神打动了这位记者，他立刻按下快门，于是有了经典的“大眼睛”照片。

这个“大眼睛”女孩名叫苏明娟，她的家庭十分困难。金寨县本来就地处偏僻，而苏明娟所在的地方更是没有人了解。苏明娟去学校学习，几十块的费用成为家庭巨大的压力。父亲虽然十分辛劳，种的粮食只够吃三个月，每年除去生活费，几乎没什么节余。

---

① 素材来源：人民网《希望工程“大眼睛”为什么能够牵动亿万人心？》(记者：罗旭、何旭、邹菁、罗瑞华、李昊洋）和腾讯网《“大眼睛女孩”长大了：曾是希望工程标志，今拿3万设助学基金》(作者：朱邦凌）。

② 希望工程：中国政府于1989年发起的以救助贫困地区失学儿童为目的的一项公益事业。其宗旨是建设希望小学，资助贫困地区失学儿童重返校园，改善农村办学条件。

幸运的是，这张照片很快获得了社会对贫困地区儿童的重视，苏明娟也成了“希望工程”的代言人。很多热心人资助苏明娟，让她顺利完成了小学、初中、高中的学业，并考入安徽大学。

这张照片不仅改变了苏明娟的命运，也改变了无数个贫困孩子的命运。从金寨县的第一所希望小学开始，到如今2万多所希望小学的建立，从帮助一个大眼睛的小女孩，到如今590多万农村家庭经济困难学生得到资助……过去近30年开展的希望工程给贫困家庭的孩子带来了爱的温暖和希望，孩子们接受帮助后学习更加努力，很多人也实现了考上大学的愿望。也有一些像苏明娟一样的学生，毕业工作后每年资助贫困孩子，继续将爱心传递下去。

[生词]

1. 成才 chéngcái	（动）	to achieve success
2. 拍摄 pāishè	（动）	to shoot
3. 工程 gōngchéng	（名）	project
4. 所 suǒ	（量）	a measure word
5. 闪亮 shǎnliàng	（形）	shining
6. 握 wò	（动）	to grasp
7. 专注 zhuānzhù	（形）	attentive
8. 眼神 yǎnshén	（名）	expression in one’s eyes
9. 打动 dǎdòng	（动）	to touch
10. 快门 kuàimén	（名）	shutter

11. 经典 jīngdiǎn	（形）	classical
12. 节余 jiéyú	（名）	surplus
13. 代言人 dàiyánrén	（名）	spokesperson
14. 初中 chūzhōng	（名）	middle school
15. 命运 mìngyùn	（名）	destiny
16. 资助 zīzhù	（动）	to subsidize
17. 传递 chuándì	（动）	to pass on

让优质教育资源在雪域高原生根[①]

青藏高原被称为中国的雪域高原，西藏自治区就位于雪域高原西南部。2014 年，北京市向拉萨北京实验中学选派了第一批共 50 名教师支援西藏自治区的教育，建立了“组团式”[②]教育援藏的方式。2017 年 8 月，北京市扩大“组团式”教育援藏的规模，从帮助 1 所学校扩大到 4 所学校，从 50 名援藏老师增加到 69 名。

曹建霞是其中一位援藏数学老师。来拉萨之前，她听说学生们的数学成绩不佳，数学考试总分 150 分，学生的平均成绩还不到 40 分。为找出当地学生数学成绩差的原因，曹建霞主动向学生请教藏语，了解学生学习数学的感受和困难。

兴趣是最好的老师。在曹建霞的课上，没有单调的记忆背诵。她上网买了新教具，把同学们喜欢的便利贴作为小礼物，贴在笔记本上。反复练习也十分重要，曹建霞每天下午 3 点和晚上 7 点来到教室，陪学生进行半小时的练习和辅导。在后来

① 素材来源：人民日报《让优质教育资源在雪域高原生根》（记者：袁泉）。

② 组团式：由政府机关牵头，整合驻区单位力量，组成相对固定的服务团队，更好地服务所援助地区人民群众。

的考试中，班级数学平均分位列年级第一。

为了进一步助力西藏自治区教育事业的发展，北京市一些学校还为拉萨的学生安排网络课程，两地的老师也经常互相交流经验。就这样，新的理念和教学方法被带到雪域高原。与此同时，也带来了一些有趣的课程，比如机器人课程，孩子们可以在课堂上自由发挥，勇敢尝试。

2016 年上海市向日喀则市上海实验学校选派 40 名教师，也开启了“组团式”教育援藏，2019 年和 2022 年上海市相继派出第二批和第三批援藏教师。经过几年努力，日喀则市上海实验学校已经成为雪域高原上的一所明星学校，2021 年该校高考成绩名列日喀则市第一，中考成绩更是名列全自治区第一。上海教师的目标是，通过支援一所学校、示范一个地区，带动整个西藏自治区基础教育质量的提高。

京沪两地的教育援藏为当地孩子们带来了广阔而精彩的新世界。让优质教育资源在雪域高原生根，是大家的共同心愿。

[生词]

1. 优质 yōuzhì	（形）	quality
2. 雪域 xuěyù	（名）	snowy region
3. 高原 gāoyuán	（名）	plateau
4. 生根 shēng//gēn	（动）	to take root
5. 选派 xuǎnpài	（动）	to select
6. 援藏 yuán//zàng	（动）	to aid Tibet
7. 组团 zǔtuán	（动）	to group

8. 请教 qǐngjiào	（动）	to ask for advice
9. 感受 gǎnshòu	（名）	feelings
10. 单调 dāndiào	（形）	monotonous
11. 背诵 bèisòng	（动）	to recite
12. 教具 jiàojù	（名）	teaching aid
13. 便利贴 biànlìtiē	（名）	post-it note
14. 辅导 fǔdǎo	（动）	to tutor
15. 助力 zhùlì	（动）	to give a helping hand
16. 机器人 jīqìrén	（名）	robot
17. 明星 míngxīng	（名）	star
18. 示范 shìfàn	（动）	to demonstrate
19. 广阔 guǎngkuò	（形）	vast

叶连平和他的“留守儿童之家”[①]

叶连平是安徽省和县的一名退休教师。有一年夏天，他看到村里的留守儿童[②]没人辅导作业，再加上孩子们的英语基础普遍不太好，便把自己家的一间房空了出来，免费给孩子们辅导功课。

这一补，就是20年。期间，无论哪个孩子家里困难或者离学校比较远，都可以在叶连平家免费吃住。

2012年，叶连平自己拿出2万多元钱，在社会各界的支持下，成立了叶连平奖学金，用于奖励优秀学生和资助困难学生。

2013年，叶连平生病住院手术。术后的第4天，他就坚持回家给孩子们辅导功课。尽管才分别几天，当叶连平出现在教室时，孩子们围着他们的“叶爷爷”放声哭泣。那一年，叶连平已经免费为留守儿童辅导了13年。

---

① 素材来源：央广网《叶连平：坚守三尺讲台，与时间赛跑的九旬乡村教师》（记者：张宣剑）和光明日报《为了留守儿童，他和时间赛跑了20年》（作者：常河）。

② 留守儿童：指父母双方外出务工，或一方外出务工，而另一方没有监护能力，无法与父母正常共同生活的不满十六岁的农村孩子。

从2000年叶连平建立“留守儿童之家”至今，他已经为留守儿童免费辅导20多年，共计辅导学生1500多名。而他2012年成立的叶连平奖学金，9年间发放近19万元，奖励学生250多名。

“只要孩子有困难，叶老师都会主动帮助。20多年来，叶老师花在留守儿童身上的钱，少说也有30多万元，而他自己出门，连瓶水都舍不得买。”这是一名学生对他的评价。这位一辈子热爱乡村教育的老人，至今仍住在学校旧教室改造成的屋子里，屋里没有一件新家具。即使冬天非常冷，叶连平也经常穿着多年前姐姐为他做的一件棉衣。

如今，叶连平奖学金已经交给他的学生负责。学生们商量着以后轮流来给孩子们上课，把“留守儿童之家”继续办下去，一定要把叶老师的精神传承下去。

[生词]

1. 留守 liúshǒu	（动）	to be left-behind
2. 普遍 pǔbiàn	（形）	general
3. 间 jiān	（量）	a measure word
4. 奖学金 jiǎngxuéjīn	（名）	scholarship
5. 奖励 jiǎnglì	（动）	to reward
6. 哭泣 kūqì	（动）	to cry
7. 建立 jiànlì	（动）	to establish
8. 教授 jiāoshòu	（动）	to teach
9. 发放 fāfàng	（动）	to grant

10. 评价 píngjià	（动）	to comment on
11. 热爱 rèài	（动）	to be passionate about
12. 棉衣 miányī	（名）	cotton-padded clothes
13. 传承 chuánchéng	（动）	to inherit

如果不是高考，我可能在搬砖[①]

刘震云是中国当代著名作家。14岁时，因为长得高，家里便虚报了年龄，让他参军去了甘肃。那里的气候又干又冷，特殊的自然环境让他经常嘴唇干裂，鼻子不停地流血。幸运的是，在空闲的时候他仍然可以学习。

后来高考恢复后，他和千万人一样，对突然出现的机会充满感激。他立刻把握住这次机会，回到了家乡河南。白天，他在初中当老师，晚上，他点着一盏小煤油灯，全身心地投入到学习中。1978年，他以河南省文科第一的成绩，被北京大学中文系录取，和他一起参加高考的弟弟考入西南政法大学。那一年，最高兴的是家中的父亲，两张录取通知书给这个家庭带来了无穷的希望。

后来，他把这段参加高考的经历写入小说《塔铺》，这部小说也开启了他的文学之路。《塔铺》恰好诞生在恢复高考10周年的1987年。这或许是他对高考的一次致敬。

---

① 素材来源：央广网《那年我高考——刘震云：风在我心中》（记者：张棉棉）和人民网《77、78年我高考：张艺谋、刘震云、易中天的高考记忆》（作者：人民网文化频道官方微信号“文艺星青年”）。标题中的搬砖泛指体力劳动。

尽管刘震云的作品已被翻译成20多种语言，在多个国家出版，并且获得国内外多项荣誉。但在刘震云眼里，1978年高考，或许才是他人生最重要的荣誉。他说：“如果没有1977、1978年的高考，我可能和我表哥一样，在建筑工地搬砖。”刘震云回忆道。

和千万个普通人一样，那年的高考，让找不到光明的年轻人看到了知识改变命运的希望……

[生词]

1. 搬砖 bān//zhuān	（动）	to carry bricks
2. 虚报 xūbào	（动）	to misreport
3. 参军 cān//jūn	（动）	to join the army
4. 干裂 gānliè	（动）	to be dry and cracked
5. 幸运 xìngyùn	（形）	fortunate
6. 空闲 kòngxián	（形）	leisure
7. 恢复 huīfù	（动）	to resume
8. 充满 chōngmǎn	（动）	to be full of
9. 感激 gǎnjī	（名）	gratitude
10. 盏 zhǎn	（量）	a measure word
11. 煤油灯 méiyóudēng	（名）	kerosene lamp
12. 文科 wénkē	（名）	literal arts
13. 无穷 wúqióng	（形）	endless
14. 婚姻 hūnyīn	（名）	marriage
15. 恰好 qiàhǎo	（副）	just
16. 诞生 dànshēng	（动）	to be born

17. 周年 zhōunián	（名）	anniversary
18. 致敬 zhìjìng	（动）	to pay a tribute to
19. 荣誉 róngyù	（名）	honour
20. 工地 gōngdì	（名）	construction site

走下神坛的“天之骄子”[①]

如果大学一毕业，国家就给你一份稳定且社会地位高的工作，但是没有选择的机会，你会喜欢吗?

1977 年，中国恢复高考，许多青年压抑已久的学习热情被点燃。当年参加高考的大约有 570 万人，但只有 27 万左右的人被录取。这群以极低录取率进入大学的精英，被称为“天之骄子”。高考改变了他们的命运：他们不再是“农民”“工人”“群众”，而是上升为“国家干部”，“高考”对人生的意义被神化。

“我们家祖祖辈辈都是农民，从来没有出过一个知识分子，更没有人上过大学，我把祖先的梦想实现了。”一名 1977 级的大学生笑着说。“大学生”的重新出现，也推动了“统包统分”[②]

---

① 素材来源：《回顾就业四十年：从“统包统分”到“自主择业”》(作者：李明璇)、人民网《恢复高考，知识改变中国》(记者：张烁、丁雅诵、吴月)和成都商报《阵痛：大学取消分配　高考走下神坛》(记者：李亚玲)。天之骄子：原义为上天的宠儿，比喻强盛的民族、国家或有才能的人。

② 统包统分：指计划经济时代，大中专院校经过考试统一招生入学并由国家对毕业生统一派遣分配工作的制度。

就业制度的建立。对于当时的中国来说，每一名大学生都是国家或集体的资源。大学毕业生由国家分配工作，但个人没有选择的权利。

随着改革开放的深入，原有的分配制度已经无法满足用人单位的人才需求。为了解决这一问题，1985 年，中国逐步改革了高校毕业生分配制度，提出了“供需见面”“双向选择”等形式，即毕业生和用人单位可以直接“见面”，同时学校也会推荐优秀学生，让用人单位择优录取。这样，既保留了毕业生对工作的选择权，同时也保证了用人单位对人才的挑选权。

20 世纪 90 年代，人们的就业观念已明显发生改变，“自主择业”的就业制度逐渐被人们接受。当时少数毕业生由国家安排就业，多数学生“自主择业”。

如今，“高考”不再是普通人改变命运的唯一途径，中国的高等教育也开始由“精英教育”向“大众教育”转变。

[生词]

1. 神坛 shéntán	（名）	altar
2. 稳定 wěndìng	（形）	stable
3. 压抑 yāyì	（动）	to repress
4. 点燃 diǎnrán	（动）	to kindle
5. 比例 bǐlì	（名）	proportion
6. 精英 jīngyīng	（名）	elites
7. 群众 qúnzhòng	（名）	general public
8. 干部 gànbù	（名）	cadres

9. 神化 shénhuà	（动）	to deify
10. 知识分子 zhīshífènzǐ	（名）	intellectual
11. 集体 jítǐ	（名）	community
12. 权利 quánlì	（名）	right
13. 供需 gōngxū	（名）	supply and demand
14. 择优 zé//yōu	（动）	merit based
15. 保留 bǎoliú	（动）	to retain
16. 自主 zìzhǔ	（形）	self-controlled
17. 安排 ānpái	（动）	to arrange
18. 途径 tújìng	（名）	pathway

高校“开学行李”的变化[①]

每逢九月开学季，大学新生的行李总是引人关注。自 1978 年中国恢复高考制度以来，大学生的行李也发生了巨大的变化。从多年前的粮票[②]、被子到现在的手机、电脑，“开学行李”从一个侧面反映了我国高等教育发展的阶段特点，而且更直观地反映了人民生活水平的变化。

对于 20 世纪 70、80 年代的大学生来说，行李中的必需品是相关证件，其余大多是被子、鞋、瓶子和盆等，家里条件好

① 素材来源：中国教育报《高校“开学行囊”变形记》（记者：张运、陈森青）和中国新闻网《高校开学季：流转在时代浪潮中的“开学行囊”》（作者：韩璐、李绿桐）。

② 粮票：20 世纪 50—80 年代中国特定经济时代使用的一种购买粮食的凭证。

的学生的“装备”最多也就价值几十元，而手表、皮鞋等，那都是奢侈品。

到了 20 世纪 90 年代，经过扩招等高等教育改革，学校从免费到收费，就业从包分配到毕业生自己找工作，大学生活逐步与现实社会接轨。也正是从那时起，大学生的行李开始发生改变，简单的有被子、衣服等日常用品，讲究的有电子产品等。

到了 21 世纪初，全国高校基本上实行公寓化管理，被子、日用品等都不用自带。行李很简单，生活用品可以到学校再买。当时用手机的人不像现在这么多，一般就是买张电话卡，课余时间给亲人朋友打电话，笔记本电脑在那时也没有普及。

现在，智能手机、平板电脑、单反相机逐步成为开学“标准三件套”。开学装备少则数千，多则数万。同时，随着网购和物流的发展，许多学生选择上网购买生活用品，然后直接寄到学校，学生的行李也逐渐变少，越来越简单。开学季行李的变化是科技和社会的发展以及时代变迁的印记。

[生词]

1. 高校 gāoxiào	（名）	colleges and universities
2. 开学 kāixué	（名）	the beginning of terms
3. 行李 xínglǐ	（名）	luggage
4. 逢 féng	（动）	to come upon
5. 巨大 jùdà	（形）	huge

6. 被子 bèizi	（名）	quilt
7. 阶段 jiēduàn	（名）	stages
8. 必需品 bìxūpǐn	（名）	requisites
9. 相关 xiāngguān	（形）	relevant
10. 证件 zhèngjiàn	（名）	documents
11. 其余 qíyú	（代）	the rest
12. 装备 zhuāngbèi	（名）	equipments
13. 奢侈品 shēchǐpǐn	（名）	luxury
14. 接轨 jiēguǐ	（动）	to bring in line with
15. 讲究 jiǎngjiū	（形）	elaborate
16. 公寓 gōngyù	（名）	apartment
17. 自带 zìdài	（动）	to bring your own
18. 印记 yìnjì	（名）	marks

“五朵金花”同时考研上岸[①]

随着社会对高学历人才的需求，许多大学生通过读研来实现个人的理想。近些年来，也有不少同宿舍的同学一同考上研究生的事例。2019年，来自商丘师范学院法学院思想政治专业223宿舍的五姐妹——张芳、王朝霞、景婉铮、张玉伟、宁姣分别考上合肥工业大学、西北大学、上海师范大学、赣南师范大学和辽宁大学的硕士研究生，被称为“五朵金花”，成为全校学生的榜样。她们相互鼓励，共同实现自己的理想。如今本科毕业后读研已成为一种趋势，这样的事例还有很多。

在2020年9月22日举行的教育部新闻发布会上，教育部学位管理与研究生教育司司长洪大用介绍，中华人民共和国成立以来，中国培养了1000多万名博士、硕士，当年在读研究生将达300万人，已成为世界研究生教育大国。

---

① 素材来源：京九晚报《“五朵金花”同时考上研究生》（记者：吴海良）、人民网-教育频道《教育部：2020年我国在学研究生将达300万人》（责编：李依环、马昌）和新华网《2020年硕士研究生扩招18.9万人带来哪些机遇和挑战？》（记者：柯高阳、陈席元、杨思琪）。上岸：网络新词语，原义为下船到陆地，现多指参加公务员、事业编制或研究生考试被录取。

尽管经过70多年的建设，中国建立了比较全面的研究生教育系统，基本实现了高层次人才的自主培养，支持了科技创新和国家战略实施。但是，中国研究生教育仍然存在培养系统不够完善等一些需要解决的突出问题。为了解决这类问题，洪大用表示，新问题、新挑战提出了新任务，我们还需进一步提高责任感、紧迫感，推动研究生教育的深层次、结构性改革，加快发展更多机会、更好品质、更佳体验、更强力量的研究生教育。

[生词]

1. 学历 xuélì	（名）	educational qualifications
2. 读研 dú//yán	（短语）	to attend graduate school
3. 研究生 yánjiūshēng	（名）	graduate student
4. 榜样 bǎngyàng	（名）	role model
5. 相互 xiānghù	（副）	mutually
6. 事例 shìlì	（名）	instance
7. 发布会 fābùhuì	（名）	conference
8. 学位 xuéwèi	（名）	degree
9. 司长 sīzhǎng	（名）	director
10. 博士 bóshì	（名）	doctor
11. 硕士 shuòshì	（名）	master
12. 层次 céngcì	（名）	levels
13. 自主 zìzhǔ	（形）	autonomous
14. 创新 chuàngxīn	（名）	innovations

15. 战略 zhànlüè	（名）	strategy
16. 突出 tūchū	（形）	prominent
17. 挑战 tiǎozhàn	（名）	challenge
18. 紧迫 jǐnpò	（形）	urgent
19. 结构性 jiégòuxìng	（形）	structural

活到老，学到老[①]

近些年来，许多老年人选择退休后进入老年大学来丰富自己的晚年生活。

在益阳市老年大学诗词班，有这么一位“永不毕业”的学生，他叫段华昌，一位86岁的离休老干部。在去年中国成人教育协会举办的全国学习之星评选活动中，他与湖南省另外3名学习模范被评为全国“百姓学习之星”。

段老自幼热爱学习，但由于一些原因，只得放弃学习。段老离休后几个月，恰好益阳市老年大学成立，他便去报了名，并成为学校的第一位学员。通过学习，段老发现他最感兴趣的是中国古诗词，从此便一头扎进诗词的学习中。段老的书架上摆满了有关诗词的书籍。通过阅读与积累，段老创作了不少高质量的诗词。

随着老龄人口的不断增加，党和政府对老年教育越来越重视，出台了很多优惠政策，给老年人创造了良好的学习条件。对党和政府的重视与支持，段老心中充满感激，说唯有多作诗、作好诗作为回报。段老身边的朋友们也深受他的影响，退

① 素材来源：湖南省委老干部局网站《全国“百姓学习之星”段华昌》。

休后纷纷进入老年大学学习，培养新的兴趣爱好。

22 年的努力，让段老先后收获了“中华颂”杯全国老年文艺大赛第二、三、七、八、九届一等奖，第四、五届金奖等多项荣誉。在荣誉面前，这位老人从不骄傲，他不断努力，勤于创作，年龄从不是他停止学习的理由。

[生词]

1. 老年 lǎonián	（名）	elderly
2. 晚年 wǎnnián	（名）	one's later years
3. 诗词 shīcí	（名）	poetry
4. 协会 xiéhuì	（名）	associations
5. 评选 píngxuǎn	（动）	to select
6. 模范 mófàn	（名）	model
7. 学员 xuéyuán	（名）	student
8. 扎 zhā	（动）	to be devoted to
9. 摆 bǎi	（动）	to place
10. 创作 chuàngzuò	（动）	to compose
11. 出台 chūtái	（动）	to officially launch
12. 唯 wéi	（副）	only
13. 收获 shōuhuò	（动）	to gain
14. 理由 lǐyóu	（名）	reason

北大保安高考第一人[①]

张俊成，41 岁，曾是北京大学的一名保安。1995 年，他通过成人高考，考上了北京大学法律系（专科），被媒体称为“北大保安高考第一人”。

故事要从近 20 年前说起。1995 年，张俊成来到北大西门，成为一名保安。曾经有一次，因为不会英语，不能与外国学生很好地沟通，促使他开始学习英语。这时，他遇到了北京大学英语系曹燕教授，曹燕教授不仅鼓励他学习好英语，还给了他两张听课证——一张可以参加英语培训，另一张可以参加成人高考考前培训班。从那时开始，他有了新的人生目标——参加成人高考[②]。

1995 年秋天，张俊成如期参加了成人高考。不久，成绩公布，413 分，超过录取线 2 分。张俊成被北京大学法律系（专科）录取。从此，他开始了崭新的大学生活。

知识改变命运，张俊成的经历激励了不少人。从此之后，

---

① 素材来源：新京报《北大保安高考第一人：张俊成的人生荣誉》（记者：谷岳飞）。

② 成人高考：全称是“成人高等学校招生全国统一考试”，属于国民教育系列，现已列入国家招生计划。

北大、清华保安自学成才的例子比比皆是。据媒体报道，仅北京大学保安队，在过去的20多年里，就先后有500余名保安，通过成人高考进入大学学习，有的甚至考上了研究生，毕业后当上了大学老师。

现在，张俊成是长治市一所学校的校长。他最近的目标是将学校打造成该市的示范校，未来10年他希望能创办长治第一所民办大学。他说，教书育人是一个值得坚持的行业，他想通过教育来改变孩子们的未来。

[生词]

1. 保安 bǎo'ān	（名）	security
2. 考取 kǎoqǔ	（动）	to pass an entrance test
3. 系 xì	（名）	department
4. 专科 zhuānkē	（名）	specialist
5. 听课证 tīngkèzhèng	（名）	sit-in permit
6. 培训 péixùn	（动）	to train
7. 目标 mùbiāo	（名）	goal
8. 如期 rúqī	（副）	as scheduled
9. 公布 gōngbù	（动）	to announce
10. 自学成才 zìxuéchéngcái	（短语）	self-taught
11. 创办 chuàngbàn	（动）	to establish
12. 民办 mínbàn	（形）	privately operated
13. 教书育人 jiāoshūyùrén	（短语）	impart knowledge and educate people
14. 值得 zhídé	（动）	to be worth
15. 未来 wèilái	（名）	future

打工仔获评“国际发明展览会金奖”[①]

2007年，22岁的安徽小伙儿胡振球来到上海打工，进入神舟汽车节能环保有限公司。刚进单位，他就暗下决心：“做工人，就要做个好工人！”工作后，他发现企业中很多高学历的工人，常常能想出很多新点子，给单位创造效益，这给他带来不小的激励。胡振球也产生了研发的念头，决心成长为有专业能力的专家。

胡振球从零学起，经常向有经验的老师傅请教。短短几个月，他便掌握了工厂里几乎所有工种的操作方式。

10年间，胡振球从一个不懂技术的打工者，成长为技术强人，从普通一线工人成长为“上海市十大工人发明家”，完成技术创新50多项，获得发明专利7项，还获得了第七届国际发明展览会金奖。像他这样的人还有很多，而这一切，都得益于他参加的“百万在岗员工学力提升项目”。

“百万在岗员工学力提升项目”是中国对于制造业发展提

① 素材来源：中国教育报《上海：构建市民终身学习“大课堂”》（作者：仲立新、任朝霞）和人民网《德耀中华·第六届全国道德模范候选人事迹：胡振球》。

出的一项新措施，不少工人通过这项计划学习了理论知识，提高了职业能力，并且通过职业资格培训获得了相应的高等学历教育学分。这个项目为中国制造业的发展做出了巨大的贡献。

除此之外，"中—高—本—研""学分银行"等方式的出现，也给许多工人和技术人员提供了机会，实现个体的可持续发展。

[生词]

1. 打工仔 dǎgōngzǎi	（名）	employee
2. 节能 jié//néng	（动）	to save energy
3. 单位 dānwèi	（名）	work unit
4. 点子 diǎnzi	（名）	ideas
5. 激励 jīlì	（名）	motivation
6. 研发 yánfā	（动）	to research and development
7. 念头 niàntou	（名）	thoughts
8. 决心 juéxīn	（名）	determination
9. 专家 zhuānjiā	（名）	expert
10. 掌握 zhǎngwò	（动）	to master
11. 工种 gōngzhǒng	（名）	type of work
12. 强人 qiángrén	（名）	strong man
13. 一线 yīxiàn	（形）	front-line
14. 发明家 fāmíngjiā	（名）	inventor
15. 专利 zhuānlì	（名）	patents
16. 学力 xuélì	（名）	educational level
17. 制造业 zhìzàoyè	（名）	manufacturing
18. 职业 zhíyè	（名）	occupation
19. 学分 xuéfēn	（名）	credits

技校学生获评“世界第一剪”[①]

在第43届世界技能大赛上，代表中国参加比赛的重庆五一技校学生聂凤获得大赛美发项目金牌，成为“世界第一剪”。

今年22岁的聂凤是代表中国参加本次大赛美发项目的唯一选手。3年前，她在第42届世界技能大赛全国选拔赛中获得第三名，未能代表中国队前往国际赛场。

聂凤介绍说，此次比赛共有8个项目，比赛时间为20个小时，分4天完成，所有的内容必须在台上完成。在8个项目中，有2个发型是规定动作，有5个是自选动作，还有一个是抽签决定，这对参赛者的基本功和想象力考验很大。

“比赛时女士基础发型项目需要的时间最长，我在台上站了4小时15分钟。”聂凤回忆起自己在台上比赛时的场景：项目分为两个阶段，第一阶段要做出日常发型，裁判为这个发型评分之后选手不可以再使用剪刀，要以这个发型为基础做出夸

① 素材来源：重庆日报《冠军故事：第43届世界技能大赛美发项目选手聂凤》和中国青年网《90后姑娘成世界第一剪：一个技校生的完美逆袭》。

张的时尚发型。聂凤告诉记者，这两个阶段都很重要，如果第一步日常发型剪得不够好，就不可能做出完美的时尚造型。最终，她以一头短碎发做成的时尚造型赢得了裁判的好评，获得金牌。当主持人宣布她获得金牌时，聂凤身披中国国旗登上领奖台，露出开心的笑容。

谈起为何学美发时，聂凤坦言，以前就是想学门手艺，但后来机缘巧合之下拜了著名理发师何先泽为师。在何先泽的耐心指导下，聂凤慢慢爱上了美发。

过去 3 年，聂凤每天都要进行身体力量训练和日常训练，来应对压力、强度兼具的赛程安排。“拿到金牌后，美发对于我来说有了更多的意义，身上也多了份责任感和荣誉感。”这个重庆女孩说。

[生词]

1. 剪 jiǎn	（名）	scissors
2. 技校 jìxiào	（名）	technical school
3. 金牌 jīnpái	（名）	gold medal
4. 唯一 wéiyī	（形）	only
5. 选拔赛 xuǎnbásài	（名）	qualifying trials
6. 抽签 chōu//qiān	（动）	to draw lots
7. 想象力 xiǎngxiànglì	（名）	imagination
8. 考验 kǎoyàn	（动）	to test
9. 裁判 cáipàn	（名）	judge
10. 发型 fàxíng	（名）	hairstyle

11. 夸张 kuāzhāng	（形）	exaggerated
12. 造型 zàoxíng	（名）	style
13. 好评 hǎopíng	（名）	positive comments
14. 宣布 xuānbù	（动）	to announce
15. 坦言 tǎnyán	（动）	to say from the heart
16. 手艺 shǒuyì	（名）	craft
17. 机缘巧合 jīyuánqiǎohé	（成语）	coincidence
18. 训练 xùnliàn	（动）	to train
19. 赛程 sàichéng	（名）	competition schedule
20. 意义 yìyì	（名）	meaning

上海有个“青年阁”[①]

上海市黄浦区打浦桥社区活动中心内有一个有趣的“青年阁”。这里由街道[②]负责运营，面积约400平方米，常常有青年组织在这里举办公益活动。

瑜伽、普拉提，年轻女性最喜欢的运动在这里都能找到，1小时的锻炼时间，让她们下午的工作充满力量。很多男性则喜欢参加“白领午饭大寻找”活动，把便宜的食物拍出五星级酒店的感觉。

2007年，打浦桥街道给了青年社团一间小阁楼。每到周末，这里就会出现很多带着孩子来参加公益活动的父母。搞活动时，老师和孩子们挤在阁楼里，阁楼外是一群父母。时间长了，这里被年轻人称为“青年阁”。

后来，街道的管理者发现，年轻人需要更多参与公益活动的场所，于是他们专门拿出了400平方米的场地给青年活动使

---

① 素材来源：中国青年网《基层团干何晓霞：“青年阁”里拼青春 “乐活＋公益”创精彩》（记者：刘芊芊）和青春上海《打浦桥街道“青年阁”青年中心 乐益飞扬》。

② 街道：中国行政区划之一，其地位与镇、乡相同，为城市里最小的行政单位。

用。2010年底，青年阁在新的场所开始运营。它有一个小电影院、一间舞蹈房，还有一间大约80平方米的咖啡馆，可以放进一张大会议桌。可是，一开始这里并没什么人来，社团只有周末会用一下场地，平时都空着。

团工委书记何晓霞决定到大街上“找年轻人去”。她和同事一起了解年轻人的实际需求，据此为他们寻找健身机构、书画课老师。现在，青年阁已经有十大社团，亲子、舞蹈、美食……每天都有不同的活动。

“青年阁”越来越有名，很多社团都找到了街道团工委，想要借用阁楼。MONO阿卡贝拉声乐坊最开始只是想借用这块地方开展培训。但慢慢地，在街道工委的指导下，MONO阿卡贝拉声乐坊走上了公益演出这条路。

6年的时间，“青年阁”逐渐成长起来。何晓霞笑着说，最开始创建“圈子”的过程是最辛苦的，“圈子”建好了，小阁楼就会自己运转了。

[生词]

1. 运营 yùnyíng	（动）	to operate
2. 公益 gōngyì	（名）	public welfare
3. 瑜伽 yújiā	（名）	Yoga
4. 普拉提 pǔlātí	（名）	Pilates
5. 白领 báilǐng	（名）	white-collar worker
6. 寻找 xúnzhǎo	（动）	to look for
7. 社团 shètuán	（名）	association

8. 阁楼 gélóu	（名）	loft
9. 搞 gǎo	（动）	to organize
10. 场所 chǎngsuǒ	（名）	place
11. 书记 shūjì	（名）	secretary
12. 机构 jīgòu	（名）	agencies
13. 亲子 qīnzǐ	（名）	parent-child
14. 美食 měishí	（名）	fine food
15. 阿卡贝拉 ākǎbèilā	（专名）	Acapella
16. 声乐坊 shēngyuèfāng	（名）	vocal workshop
17. 创建 chuàngjiàn	（动）	to create
18. 圈子 quānzi	（名）	circles
19. 运转 yùnzhuǎn	（动）	to run

留学中国：文明因交流而精彩[①]

当许多青年学子去国外留学时，不少国际学生也来到了我们身边。他们来中国交流学习，增进对中国的认识和了解。

中国的来华留学生教育开始于中华人民共和国成立之后。1950年，中国接收了来自东欧的首批来华留学生，他们进入清华大学中国语文专修班学习。从1950年至1978年，中国累计接收培养了12800名来华留学生。特别是改革开放后，中国在经济、科技等领域迅速发展，古老的文化、强大的经济和越来越先进的科技吸引着来自世界各地的学子。当代中国逐渐成为世界热门留学国家，近年更是连续成为亚洲最大留学目的国。

① 素材来源：中国新闻网《留学中国，文明因交流而多彩》（记者：姚晓丹）和人民网《打造“留学中国”品牌——中国成亚洲最大留学目的国》（记者：赵婀娜）。

据中国教育部发布的统计数据，仅2018年一年，共有来自196个国家和地区的492185名外国留学生在中国1004所大学学习。其中，按洲别统计：亚洲学生占59.95%，非洲学生占16.57%，欧洲学生占14.96%，美洲学生占7.26%，大洋洲学生占1.27%。按国别排序前15名为：韩国、泰国、巴基斯坦、印度、美国、俄罗斯、印度尼西亚、老挝、日本、哈萨克斯坦、越南、孟加拉国、法国、蒙古、马来西亚。来华留学生所学专业几乎涵盖所有学科门类，来华留学总体规模、生源国别、接收单位、专业结构、培养层次等多项统计指标均创历史新高。

国际学生来中国学习，哪些专业最受欢迎？答案是：工科、管理、理科、艺术、农学。这几类专业学生数量增长明显，表明中国的学科专业教育越来越具吸引力。

“相知无远近，万里互为邻。”在来华留学生的心目中，中国高等教育质量不断提高，“感知中国”“我与中国的美丽邂逅”等活动的举办，更增进了他们对中国的感情。他们走进了中国，进而走近了中国。

[生词]

1. 留学 liúxué	（动）	to study abroad
2. 文明 wénmíng	（名）	civilization
3. 精彩 jīngcǎi	（形）	splendid
4. 增进 zēngjìn	（动）	to increase
5. 接收 jiēshōu	（动）	to accept

6. 目的国 mùdìguó	（短语）	country of destination
7. 统计 tǒngjì	（动）	to add up
8. 工科 gōngkē	（名）	engineering
9. 理科 lǐkē	（名）	science
10. 农学 nóngxué	（名）	agriculture
11. 明显 míngxiǎn	（形）	obvious
12. 感知 gǎnzhī	（动）	to experience
13. 邂逅 xièhòu	（动）	to encounter

博茨瓦纳小伙儿马奕男的汉语之路[①]

2009年，Masule Gracious Tshepiso从博茨瓦纳大学计算机系本科毕业。2011年，他申请了奖学金，来到中国的湖南大学攻读计算机系硕士。如果照这样发展，他一准儿会成为一名"IT男"。

在湖南求学期间，这个中文名叫"马奕男"的博茨瓦纳小

① 素材来源：新华社《一个博茨瓦纳年轻人的汉语人生》（记者：杨孟曦）和中新社《从"IT男"到马奕男：博茨瓦纳汉学家的圆梦之路》（撰稿：姜济晗）。

伙儿，汉语越来越好。渐渐地，他爱上了汉语，放弃了IT，立志将来做一名汉语教师。

2014年，马奕男考进上海师范大学，攻读汉语国际教育硕士学位，向专业汉语教师的方向努力。功夫不负有心人，在2015年中国“孔子学院杯”汉语国际教育专业硕士研究生教学技能大赛中，他获得了一等奖。

两年后，马奕男顺利完成学业回国成为博茨瓦纳大学中文系的第三位本土中文教师。他说：“我喜欢汉语，也喜欢教学生学汉语。我为此感到特别愉快。”除了教学，他还经常受邀主持各类传播中国文化的活动。

2018年，马奕男和其他来自34个国家的38名青年汉学家入选“2018青年汉学家研修计划”。开班仪式上，作为5名发言代表之一，马奕男讲述了自己的中国故事。他回忆道，读小学时离家不远的地方就有中国人在给他们修建中学，“那时候我就很想听懂他们说的话，没有想到多年以后，愿望成真了。”

近日，马奕男指导的学生参加了第19届“汉语桥”世界大学生中文比赛，荣获博茨瓦纳赛区亚军，并被推荐前往北京现场观摩总决赛。作为老师，马奕男很欣慰，他希望把汉语教学的路踏踏实实地走下去，为博茨瓦纳培养出更多的汉语人才。

[生词]

1. 计算机 jìsuànjī	（名）	computer
2. 一准儿 yìzhǔner	（副）	surely
3. IT 男 ITnán	（名）	IT man
4. 求学 qiúxué	（动）	to study
5. 本土 běntǔ	（名）	local
6. 主持 zhǔchí	（动）	to host
7. 传播 chuánbō	（动）	to spread
8. 汉学家 hànxuéjiā	（名）	sinologist
9. 研修 yánxiū	（动）	to research and study
10. 仪式 yíshì	（名）	ceremony
11. 讲述 jiǎngshù	（动）	to tell
12. 修建 xiūjiàn	（动）	to build
13. 荣获 rónghuò	（动）	to be awarded
14. 赛区 sàiqū	（名）	competition district
15. 亚军 yàjūn	（名）	second place/runner-up
16. 总决赛 zǒngjuésài	（名）	final
17. 欣慰 xīnwèi	（形）	gratified
18. 踏踏实实 tāshi	（成语）	steadily
19. 人才 réncái	（名）	talents

联通世界的"汉语桥"①

2020年10月—11月第十九届"汉语桥"世界大学生中文比赛和第十三届"汉语桥"世界中学生中文比赛圆满落幕。300余名大、中学生相聚"云端②"，进行一场精彩的在线比赛。

本届"汉语桥"第一次采用线上形式，使用云服务器，把"虚拟引擎"首次应用于制作中，使活动更加精彩。同时，节

① 素材来源：人民日报《为青年文化交流架起"立交桥"》（作者：任玉文）。

② 云端：原为"云中"义，借指利用虚拟化技术开发的软件平台。

目开发近20个页面，有效保证了实时连线、互动回答问题、正反双方辩论、留言感受讲述等各环节的效果。

“汉语桥”借助新技术，不仅保证了比赛的顺利进行，还推出“我与汉语的故事”视频博客[1]创作、中国音乐文化线上国际夏令营等多种活动，为各国青年提供了更加丰富的交流机会。本次“汉语桥”世界大学生中文比赛全球总冠军、比利时选手戴庐可就从比赛中获得启发，他希望未来能结合自己的经验，开办一个以“外国青年看中国”为特色的节目，来促进中国与世界的互相了解。期待更加立体的“汉语桥”在日后贡献出更多、更好的创意，让交流“不断线”，友好“常在线”。

近20年来，“汉语桥”比赛吸引了160多个国家和地区的150多万人次参赛，是各个国家和地区的青年展示中文水平的重要平台，真正成为“沟通世界的语言之桥、文化之桥、友谊之桥、心灵之桥”。多年实践表明，“汉语桥”并非仅是从中国通往世界的“单向桥”，更是一座让各国人民互相了解、交流沟通的“立交桥”。参加比赛的国际学生，用双眼看中国，用心感受中国，促进了不同文明和文化之间的互相交流和理解。

---

① 视频博客：即Vlog，一种社交网络中流行的媒体形式。

[生词]

1. 落幕 luòmù	（动）	to round off
2. 相聚 xiāngjù	（动）	to get together
3. 虚拟 xūnǐ	（形）	virtual
4. 引擎 yǐnqíng	（名）	engine
5. 制作 zhìzuò	（动）	to make
6. 页面 yèmiàn	（名）	pages
7. 实时 shíshí	（形）	real-time
8. 连线 liánxiàn	（动）	to connect
9. 辩论 biànlùn	（动）	to debate
10. 环节 huánjié	（名）	parts
11. 夏令营 xiàlìngyíng	（名）	summer camp
12. 启发 qǐfā	（名）	inspiration
13. 期待 qīdài	（动）	to look forward to
14. 立体 lìtǐ	（形）	tridimensional
15. 创意 chuàngyì	（名）	creativity
16. 心灵 xīnlíng	（名）	heart and soul
17. 表明 biǎomíng	（动）	to show
18. 单向 dānxiàng	（名）	one-way

学习中文是认识中国的一把钥匙

我叫邓瑞莲，越南人，高考时我报考了中文专业。选择中文专业的原因有两个：一是我从小就很喜欢看中国电影，喜欢听中国音乐，对中国和中国文化抱有浓厚的兴趣；二是根据当时对越南劳动力市场的观察和分析，随着中国经济日益发展，在越南投资的中国公司不断增加，中文人才需求量会越来越大。

因为学习中文，我对汉字有了更深的了解。了解汉字字体从甲骨文到楷书、行书的发展演变过程，让我感受到汉字的优美和奇妙。比如，看“木”字，可以联想到树木的形象；学“森”字，可以联想到树木很多的画面；“休”字可以使人联想到“人在树下休息”的图景。这些汉字的构造激发了我学习中文的兴趣，进而了解中国人的思维方式。

为了提高汉语能力，我坚持多听、多说、多积累。通过看中国新闻、中文报刊杂志，我对中国有了更深入的了解：中国是世界上人口最多的国家之一，名胜古迹繁多，经济发展在全世界名列前茅，医疗、科技、教育各方面都很发达。在各地游览的过程中，我不但领略了中国的自然风光，而且听到很多动人的神话传说，如杭州的白娘子、桂林的刘三姐，还有月宫的嫦娥、补天的女娲……我有机会亲自动手体验剪纸、茶道、书法、太极拳等中国传统文化，也亲身感受了高铁、无现金支付等现代生活方式。课余时间，我流连于各大博物馆，深度体验中国的历史文化。

学习中文让我们更好地了解和理解中国，尤其是中国文化和中国人的思维方式。现在我是越南维新大学的中文老师，正努力推动中国文化的传播。中文是我们认识中国、了解中国的一把钥匙，相信这把钥匙能够帮助开启中越文化交流的大门，增进彼此的友谊，推动两国之间的交流与合作。

[生词]

1. 浓厚 nónghòu	（形）	strong
2. 劳动力 láodònglì	（名）	labor force
3. 观察 guānchá	（动）	to observe
4. 分析 fēnxī	（动）	to analyse
5. 演变 yǎnbiàn	（动）	to evolve
6. 甲骨文 jiǎgǔwén	（名）	Oracle bone script
7. 楷书 kǎishū	（名）	Regular script

8. 行书 xíngshū	（名）	Running script
9. 奇妙 qímiào	（形）	wonderful
10. 联想 liánxiǎng	（动）	to relate to
11. 名胜古迹 míngshènggǔjì	（成语）	scenic spots and historical sites
12. 名列前茅 mínglièqiánmáo	（成语）	rank among the best
13. 游览 yóulǎn	（动）	to go sight-seeing
14. 领略 lǐnglüè	（动）	to appreciate
15. 神话 shénhuà	（名）	myth
16. 传说 chuánshuō	（名）	legends
17. 茶道 chádào	（名）	tea ceremony
18. 书法 shūfǎ	（名）	calligraphy

4 / 科技篇

追天揽月——嫦娥号[①]

你知道“嫦娥奔月”的故事吗？中国古人赋予了月亮许多美好的传说。“举头望明月，低头思故乡”“但愿人长久，千里共婵娟[②]”“举杯邀明月，对影成三人”……这些流传至今的诗句说明古人常把情感寄托于月亮之上。既然皎洁的月亮上没有嫦娥仙子，那么上面究竟有什么呢？

2020 年 12 月 17 日，嫦娥五号安全着陆月球，顺便还从月球上带回来一份大礼——1731 克的月球土壤。这小小的一抔土，凝聚了一代又一代科学家的努力，为人类探索月球奥秘提

① 嫦娥号：中国探测月球的卫星和系列航天器以“嫦娥号”命名，取自“嫦娥奔月”的神话传说。

② 婵娟：代指月亮。

供线索，还可以帮助我们了解太阳系的空间物质和能量的重要信息。

当然，探月工程并非一蹴而就，2004 年中国就正式开展月球探测工程——“嫦娥工程”。“嫦娥工程”分“绕、落、回”三个发展阶段。第一阶段为绕月探测，由嫦娥一号执行任务。2007 年 10 月 24 日，“嫦娥一号”成功发射，它不仅圆满完成既定任务，甚至还超额完成任务，带回全月球影像图、月表化学元素分布、月表矿物含量等意外惊喜；第二阶段是落月探测，由嫦娥三号执行任务，它带着“玉兔”号月球车成功在月面软着陆。来到月面后，嫦娥三号着陆器和“玉兔”巡视器还不忘互拍一下，然后便开始了巡逻勘测工作；第三阶段为采样返回探测，1731 克月球样品便是此次探测的宝贵“财富”。

古人曾说：“人攀明月不可得，月行却与人相随。”现在，月亮虽然神秘依旧，但我们对它的了解已越来越多，人类正逐渐掀开它的神秘面纱。

[生词]

1. 揽月 lǎn//yuè	（动）	to chase the moon
2. 赋予 fùyǔ	（动）	to give
3. 婵娟 chánjuān	（名）	the moon
4. 寄托 jìtuō	（动）	to place on
5. 皎洁 jiǎojié	（形）	bright and clear
6. 着陆 zhuó//lù	（动）	to land
7. 抔 póu	（量）	a handful of something

8. 一蹴而就 yīcùérjiù	（成语）	to get there in one step
9. 探测 tàncè	（动）	to explore
10. 执行 zhíxíng	（动）	to carry out
11. 发射 fāshè	（动）	to launch
12. 圆满 yuánmǎn	（形）	satisfactorily
13. 超额 chāo'é	（动）	overfulfil
14. 矿物 kuàngwù	（名）	mineral
15. 巡逻 xúnluó	（动）	to patrol
16. 勘测 kāncè	（动）	to survey
17. 采样 cǎiyàng	（动）	to sample
18. 样品 yàngpǐn	（名）	sample
19. 财富 cáifù	（名）	treasure
20. 神秘 shénmì	（形）	mysterious

中国的北斗[①]，世界的北斗

在中国古代，人们通过观察北斗星在天空中出现的方位来判断季节，指导农业生产，不误时节。如今说起“北斗”，不光是指北斗星，它还有一个新的身份，那就是“北斗”导航系统。

北斗导航系统不仅像夜空中的北斗星一样可以指引方向，而且还可以为我们提供便捷、精准的导航服务：它就像一双无形的眼睛，时刻监控着路上的交通状况，任何违规行为都逃不过它的“法眼”。车辆信息会被它记录下来，变得有据可查，道路安全也得到了保障。

北斗导航系统可以在全球范围内全天候、全天时为各类用户提供高精度、高可靠的定位、导航和授时服务。它不仅方便

① 北斗：“北斗导航系统”的简称，名称取自北斗星。

着国人，也在走向世界，致力于为“地球村”的全体“村民”提供服务。目前，北斗导航系统已经惠及120个国家和地区，包括东南亚、西亚、东欧、非洲等地，当地的农、林、渔等行业充分利用北斗系统的定位导航功能，大大提高了工作效率，并在一定程度上促进了当地的经济发展。

北斗系统包括北斗一号系统、北斗二号系统以及北斗三号系统，共计55颗卫星。在未来，北斗导航系统将持续提升服务性能，相信中国“智”造定会更好地造福世界。

[生词]

1. 北斗星 běidǒuxīng	（名）	the Big Dipper
2. 方位 fāngwèi	（名）	position
3. 时节 shíjié	（名）	season
4. 导航 dǎoháng	（动）	to navigate
5. 指引 zhǐyǐn	（动）	to guide
6. 监控 jiānkòng	（动）	to monitor
7. 违规 wéi//guī	（动）	to violate
8. 法眼 fǎyǎn	（名）	the bodhisattva dharma-eye (able to penetrate all things)
9. 精度 jīngdù	（名）	precision
10. 定位 dìngwèi	（动）	to locate
11. 授时 shòushí	（名）	Time Service
12. 卫星 wèixīng	（名）	satellite
13. 性能 xìngnéng	（名）	performance
14. 造福 zàofú	（动）	to bring benefit to

“天宫”
——从神话传说到科学探索

提到“天宫”，中国人往往会联想起《西游记》中孙悟空大闹天宫的故事。故事里的天宫是天帝居住的宫殿，那里仙气缭绕，一座座金碧辉煌的宫殿在云雾上散发着金光。那么，天上真的有富丽堂皇的“天宫”吗？它到底是什么样子的呢？

中国人带着“飞天梦”在航空航天事业上不断探索。2011年，中国载人航天工程发射的第一个目标飞行器就以极具中国特色的“天宫一号”命名。“天宫一号”的成功发射，拉开了我们探索太空奥秘的序幕。在太空中，“天宫一号”先后与“神舟八号”“神舟九号”和“神舟十号”载人航天飞船成功“牵手”，代表着中国载人航天掌握了空间交会对接技术。

交接期间，“天宫一号”就是一个太空中的短期实验室，供宇航员们开展一系列空间科学实验。孙悟空的腾云驾雾早已不是传说，宇航员们在太空实验室里可以随意漂浮，好像传说中的神仙一般，可以御风而行。不仅如此，神舟十号航天员王亚平还在“天宫一号”上起了有趣的太空实验课，悬空打坐的航天员、漂浮在半空中的水珠……她使用“天宫一号”上的仪器向全国中小学生科普了许多知识。

2016年，“天宫一号”像一名肩负历史重任的战士，在出色地完成太空任务后，终止了数据链接，消失在茫茫宇宙之中。“天宫一号”为人类建造空间站提供了技术经验，虽然已经销毁，但它依旧是我们心中的英雄。2022年10月，“梦天”实验舱与“天和”核心舱按照计划成功对接，成为“T”字形架构，完成空间站建设的最后一步。自此，中国空间站全面建成，中国人在太空安了家。

[生词]

1. 宫殿 gōngdiàn	（名）	palace
2. 缭绕 liáorào	（动）	to wreathe
3. 金碧辉煌 jīnbìhuīhuáng	（成语）	splendid and magnificent
4. 富丽堂皇 fùlìtánghuáng	（成语）	magnificence
5. 航空航大 hángkōnghángtian	（专名）	aerospace
6. 探索 tànsuǒ	（动）	to explore
7. 飞行器 fēixíngqì	（名）	aerocraft
8. 序幕 xùmù	（名）	prelude
9. 宇航员 yǔhángyuán	（名）	astronauts

10. 腾云驾雾 téngyúnjiàwù	（成语）	to walk on air
11. 漂浮 piāofú	（动）	to float
12. 御风而行 yùfēngérxíng	（短语）	to travel on the wind
13. 悬空 xuánkōng	（动）	to hang in the air
14. 打坐 dǎzuò	（动）	to sit in meditation
15. 科普 kēpǔ	（名）	to popularize scientific and technological knowledge
16. 肩负 jiānfù	（动）	to shoulder
17. 销毁 xiāohuǐ	（动）	to destroy
18. 英雄 yīngxióng	（名）	hero

深海神探——“蛟龙号”

传说中，孙悟空神通广大的金箍棒原本是一根定海神针，藏在海底华丽的龙宫里。这一美丽的传说，吸引着人们探索海底奥秘的脚步不断前行。

我，被委以重任，人称“蛟龙号”，是一艘由中国自行设计、自主集成研制的载人潜水器。正如你们所见，雪白而巨大的身体，却可以灵活地钻入深海又回到海面，我身长 8.2 米，宽 3.0 米，高 3.4 米，空重不超过 22 吨，最大载重量为 240 公斤，最大时速 25 海里。

我之所以能够潜入深海处，并不仅仅是因为我酷炫的外形，更是因为我拥有强大的操控系统：我在深海的各种动作都听命于我的大脑（主要控制系统），让我具备自动定向、定深、定高以及悬停定位功能，从而能在深海自动航行；我的眼睛

（综合显控系统）则可以为我准确分析水面母船发来的信息，显示我和母船的位置以及潜水器各系统的运行状态，从而实现我和母船之间的互动。

你以为我潜入深海处是为了玩乐吗？当然不是！大家知道，随着人类数量的不断增加，探测和开采新的资源显得尤为重要，而我就是人类开采海下资源的“眼睛”。例如，在一次深潜时，我就在东太平洋发现了一块锰结核矿区，其中的矿石资源让我觉得不虚此行。

过去的我风光无限，未来的我肩负更大的使命，为人类和平利用海洋资源全力以赴。

[生词]

1. 深海 shēnhǎi	（名）	deep sea
2. 神探 shéntàn	（名）	detective
3. 神通广大 shéntōngguǎngdà	（成语）	to be infinitely resourceful
4. 委以重任 wěiyǐzhòngrèn	（短语）	to entrust with an important task
5. 载重量 zàizhòngliàng	（名）	weight capacity
6. 研制 yánzhì	（动）	to develop
7. 潜水器 qiánshuǐqì	（名）	submersible
8. 酷炫 kùxuàn	（形）	cool
9. 操控 cāokòng	（动）	to control
10. 具备 jùbèi	（动）	to be equipped with
11. 悬停 xuántíng	（动）	to hover
12. 开采 kāicǎi	（动）	to exploit

13. 锰 měng	（名）	manganese
14. 储量 chǔliàng	（名）	reserves
15. 不负 bùfù	（动）	to not let down
16. 风光无限 fēngguāngwúxiàn	（短语）	outstandingly glorious
17. 使命 shǐmìng	（名）	mission
18. 全力以赴 quánlìyǐfù	（成语）	to make every effort

“天眼”
——世界上最大的望远镜

“天眼”在中国古代传说中指的是“天神之眼”，它不仅能够看见千里之外的事物，还能辨别事物的本身，知晓其过去与未来。现在说的“天眼”，指的是500米口径球面射电望远镜，它是世界上最大单口径、最灵敏的射电望远镜，就连霍金[①]都对它称赞不已。

“天眼”望远镜位于中国的贵州省，它就像躺在群山之间的一口“超级大锅”，口径巨大，相当于30个足球场。为什么要把它建在贵州呢？这是由于贵州独特的喀斯特地貌中有许多巨型凹坑，恰好为“天眼”这个“超级大锅”提供了天然的地质条件，大大降低了施工难度。这口“大锅”耗资7亿，历时22年才完成。

中国“天眼”致力于寻找脉冲星，截止到2020年11月，中国“天眼”发现的脉冲星数量已超过240颗。那么，为什么要寻找脉冲星呢？中科院院士王启明说：“脉冲星会不断地发

① 霍金：即斯蒂芬·威廉·霍金（Stephen William Hawking），英国人，现代最伟大的物理学家之一。

出脉冲信号，而这种信号非常稳定。找到以后就可以应用于深空探测、星际旅行，可以起到导航作用。”即使远在百亿光年外的射电信号，中国“天眼”也有可能接收到，未来我们遨游宇宙的时候就不怕走丢啦！

太空中除了人类还有其他生命吗？宇宙深处的奥秘正在等待人类不断探索，“天眼”对于探索宇宙文明有着至关重要的作用。

[生词]

1. 天眼 tiānyǎn	（专名）	the eye in the sky
2. 望远镜 wàngyuǎnjìng	（名）	telescope
3. 知晓 zhīxiǎo	（动）	to know
4. 口径 kǒujìng	（名）	aperture
5. 球面 qiúmiàn	（名）	spherical
6. 射电 shèdiàn	（动）	to radio
7. 灵敏 língmǐn	（形）	sensitive
8. 称赞不已 chēngzànbùyǐ	（短语）	highly praise
9. 喀斯特 kāsītè	（专名）	karst
10. 凹 āo	（形）	concave
11. 耗资 hàozī	（动）	to cost
12. 脉冲星 màichōngxīng	（专名）	pulsar
13. 院士 yuànshì	（名）	academician
14. 信号 xìnhào	（名）	signal
15. 星际 xīngjì	（名）	interstellar
16. 遨游 áoyóu	（动）	to travel
17. 宇宙 yǔzhòu	（名）	universe

青蒿素
——传统中医药给世界的一份礼物[①]

天花、鼠疫、伤寒、霍乱、疟疾……这些都是很古老的疾病。千百年来，人类深受其困扰，付出了艰苦卓绝的努力才战胜它们。以疟疾为例，不仅发病率极高而且发病缘由始终未知，长期被蒙上了一层神秘而可怕的面纱。

随着医学的不断发展，人们找到了疟疾的罪魁祸首——疟原虫，并且发现这种病是通过蚊子进行传播的。直到现代，每年仍有数以亿计的人感染疟疾，并有数百万人死于此病。多年来，各国科学家一直在探寻治疗疟疾的有效方法，青蒿素的出现，以其显著的疗效和低廉的价格为人类消灭疟疾发挥了重要的作用。

然而，青蒿素属实来之不易。1969 年，中国中医研究院接受抗疟药研究任务，以屠呦呦[②]为组长的医学小组从中国历代医籍、药方中整理出 2000 余方药，在此基础上编写了以 640 种药物为主的《抗疟单验方集》，经过上百次的医学实验与

① 这一说法引自屠呦呦先生诺贝尔奖获奖感言。

② 屠呦呦：著名科学家，中国第一个诺贝尔奖获得者。

研究，不断改进提取方法。研究期间，屠呦呦受到中国典籍《肘后备急方》中“青蒿一握，以水二升渍，绞取之，尽服之”的启发，在与研究小组成员的不断探索和尝试下成功提取出青蒿素。

青蒿素为解决困扰世界的疟疾难题贡献了独到的力量，是传统中医药送给世界人民的礼物。为了表彰屠呦呦为人类健康做出的重大贡献，2015 年 10 月 8 日，屠呦呦被授予诺贝尔[①]生理学或医学奖，成为首位获得诺贝尔科学类奖项的中国女科学家。

[生词]

1. 青蒿素 qīnghāosù	（专名）	artemisinin
2. 天花 tiānhuā	（专名）	smallpox
3. 鼠疫 shǔyì	（专名）	plague
4. 伤寒 shānghán	（专名）	typhoid fever
5. 霍乱 huòluàn	（专名）	cholera
6. 疟疾 nüèjí	（专名）	malaria
7. 艰苦卓绝 jiānkǔzhuójué	（成语）	showing utmost fortitude
8. 蒙 méng	（动）	to cover
9. 面纱 miànshā	（名）	veil
10. 治疗 zhìliáo	（动）	to cure

① 诺贝尔奖：Nobel Prize，是根据瑞典科学家诺贝尔遗嘱设立的五个奖项，即物理学奖、化学奖、和平奖、生理学或医学奖和文学奖。

11. 探寻 tànxún	（动）	to explore
12. 罪魁祸首 zuìkuíhuòshǒu	（成语）	the main culprit
13. 显著 xiǎnzhù	（形）	prominent
14. 疗效 liáoxiào	（名）	efficacy
15. 低廉 dīlián	（形）	low
16. 消灭 xiāomiè	（动）	to eradicate
17. 提取 tíqǔ	（动）	to extract
18. 生理学 shēnglǐxué	（名）	Physiology
19. 医学 yīxué	（名）	Medicine
20. 奖项 jiǎngxiàng	（名）	prize

第二次绿色革命——杂交水稻

中国有句俗话："民以食为天"，说的是粮食对于人类的重要性。中国人见面打招呼常常会问："你吃了吗？"这是因为，几十年前，吃饱对普通老百姓来说是一件重要的事情。见面关心一下吃饭，是关乎生存的大事。现在，中国用仅占世界7%的土地养活了占世界21%的人口，从而创造了世界奇迹，这要归功于一位伟大的科学家——袁隆平。

从20世纪60年代开始，袁隆平便着手于水稻研究，在试验田里风吹日晒，攻克各种难题。经过数年的坚持与不懈努力，"籼型杂交水稻"横空出世。这种杂交水稻有着穗大粒多、米质优良、抗逆性强等特点，而且产量显著提升，平均每亩增产100斤以上，最高亩产达1700多斤。这是人类水稻种植史上一次巨大的飞跃，袁隆平也因此被誉为"杂交水稻之父"。

国际上甚至把杂交稻当作中国继四大发明之后的第五大发明，被誉为“第二次绿色革命”。

杂交水稻的出现，使人们不再为吃不饱而发愁，这为中国乃至世界带来了福音。袁隆平还多次赴国际水稻所开展合作研究和技术交流，10 多次赴印度、越南、缅甸、菲律宾、孟加拉等国指导杂交水稻种植。杂交水稻的增产效果十分显著，因此许多国家已经大面积种植杂交水稻。

“手中有粮，心中不慌”，杂交水稻让我们离“世界不再有饥荒”的目标更近了一步，为全球粮食安全和农业可持续发展做出了重要贡献。

[生词]

1. 革命 gémìng	（名）	revolution
2. 杂交水稻 zájiāoshuǐdào	（专名）	hybrid rice
3. 俗话 súhuà	（名）	common saying
4. 打招呼 dǎ zhāo · hu	（动）	to greet someone
5. 关乎 guānhū	（动）	to concern
6. 创造 chuàngzào	（动）	to create
7. 奇迹 qíjì	（名）	miracle
8. 归功 guīgōng	（动）	to give the credit to
9. 着手 zhuóshǒu	（动）	to embark on
10. 试验田 shìyàntián	（名）	test field
11. 风吹日晒 fēngchuīrìshài	（成语）	to be exposed to the weather
12. 攻克 gōngkè	（动）	to overcome

13. 不懈 bùxiè	（形）	unremitting
14. 横空出世 héngkōngchūshì	（成语）	to emerge from the blue
15. 抗逆性 kàngnìxìng	（名）	adversity resistance
16. 亩 mǔ	（名）	the measure word of land
17. 飞跃 fēiyuè	（动）	to leap
18. 福音 fúyīn	（名）	good news
19. 饥荒 jīhuāng	（名）	famine

千里高铁线，连接你我他

你知道吗？其实很多在上海工作的人是住在苏州的，他们每天奔波于两座城市之间，如果乘坐普通火车，在路上就需要花费两三个小时。自从有了高铁，从上海到苏州只要 20 多分钟，让跨城市通勤成为现实。截至 2023 年初，中国高铁总里程达 4.2 万公里，最高时速可达到每小时 350 公里，大大方便了人们的出行！

高铁在快速运行的同时，也能很好地保证乘客的舒适感。中国制造的独特“子弹头”列车，速度与稳定并存，实力与颜值兼具。在行进的高铁上，你可以喝水、看书，甚至可以立起硬币！你完全可以把它当作一个移动的办公室，一边喝着咖啡一边敲击着键盘工作。高铁座椅上还配备了充电插座，随时满足你的用电需求，特制的减速玻璃还可以让你安逸地欣赏窗外的风景。

目前，高铁已经遍布中国大大小小 100 多座城市，从冰天雪地到热带丛林，从深山沙漠到海滨城市，高铁可以安全高效地把你带到想去的地方。一列列高颜值的高速列车拉近了人们之间的距离，穿梭在城市之间，交织成科技中国的壮丽画卷；一座座现代化的车站成为城市亮眼的地标，展示着新时代的智慧与便捷。此外，中国高铁还与世界轨道“牵手”，参与了美国、土耳其、俄罗斯、印尼等国家的高铁修建，致力于将便捷与温暖传递到世界各国。

[生词]

1. 高铁 gāotiě	（名）	high-speed train
2. 奔波 bēnbō	（动）	to run around
3. 通勤 tōngqín	（动）	to commute
4. 现实 xiànshí	（名）	reality
5. 里程 lǐchéng	（名）	mileage
6. 子弹头 zǐdàntóu	（名）	bullet
7. 硬币 yìngbì	（名）	coin
8. 配备 pèibèi	（动）	to equip with
9. 充电 chōng//diàn	（动）	to charge
10. 插座 chāzuò	（名）	socket
11. 悠闲 yōuxián	（形）	leisurely
12. 欣赏 xīnshǎng	（动）	to enjoy
13. 热带丛林 rèdàicónglín	（短语）	tropical jungle

14. 沙漠 shāmò	（名）	desert
15. 海滨 hǎibīn	（名）	seaside
16. 高效 gāoxiào	（形）	efficient
17. 彼此 bǐcǐ	（代）	each other
18. 交织 jiāozhī	（动）	to interweave
19. 地标 dìbiāo	（名）	landmark
20. 轨道 guǐdào	（名）	railways

现代世界七大奇迹之一
——中国的跨海大桥

说起中国的桥，我们可以追溯到几千年前，赵州桥等诸多“拱桥”惊艳了世人，中国也因此被誉为“拱桥王国”。

虽然中国古桥数目庞大，但是自主研发现代桥梁的历史还不到百年。20 世纪 90 年代后，上海南浦大桥和杨浦大桥等两座斜拉桥[①]的成功建造，掀起了建造桥梁的热潮，后来建造了跨度更大的悬索桥[②]，如汕头海湾大桥、江阴大桥等。

21 世纪以来，中国不仅建造了跨河大桥，还建造了更加雄

① 斜拉桥：一种桥梁建筑类型，是将主梁用许多拉索直接拉在桥塔上的一种桥梁。

② 悬索桥：又称吊桥，以通过索塔悬挂并锚固于两岸（或桥两端）的缆索（或钢链）作为上部结构主要承重构件的桥梁。

伟壮观的跨海大桥。最令世界瞩目的便是港珠澳大桥了，它是世界建筑史上投资最多、技术最复杂、施工难度最大、海底隧道最长、跨海最长的大桥，被国外媒体评为“现代世界七大奇迹”之一。

港珠澳大桥从开工到通车耗时将近9年，全长55公里，设计使用寿命120年，抗台风16级，主梁用钢达42万吨，桥墩224个。在建设过程中，工程师们克服了重重技术困难，攻克了人工岛快速成岛等多个世界性难题，开发了很多新材料、新设备，创造专利600多项。在抗震方面，中国自主研制隔震支座，承载力近3000吨；在沉管隧道方面，中国自主研制半刚性结构沉管隧道，保证隧道120年不漏水。

港珠澳大桥的开通，极大地缩短了香港、珠海、澳门三个城市的空间距离，促进了香港、澳门与内地的连接，加速了香港、珠海、澳门的经济往来与人文往来，具有里程碑意义。与此同时，中国也在帮助其他国家建设高质量现代化的大桥，让更多的人可以享受到现代桥梁带来的便捷生活。

[生词]

1. 追溯 zhuīsù	（动）	to track back to
2. 诸多 zhūduō	（形）	many
3. 拱桥 gǒngqiáo	（名）	arch bridge
4. 惊艳 jīngyàn	（动）	to amaze
5. 掀起 xiānqǐ	（动）	to set off
6. 雄伟壮观 xióngwěizhuàngguān	（成语）	magnificent

7. 建筑 jiànzhù	（名）	architecture
8. 施工 shīgōng	（名）	engineering
9. 隧道 suìdào	（名）	tunnel
10. 寿命 shòumìng	（名）	life span
11. 台风 táifēng	（名）	typhoon
12. 桥墩 qiáodūn	（名）	piers
13. 克服 kèfú	（动）	to overcome
14. 人工岛 réngōngdǎo	（名）	artificial island
15. 设备 shèbèi	（名）	equipment
16. 抗震 kàngzhèn	（名）	earthquake resistance
17. 漏水 lòu//shuǐ	（动）	to leak
18. 里程碑 lǐchéngbēi	（名）	milestone

中华有为之“华为”

说起“华为”，我们最先想到的可能是华为手机。华为手机拥有简洁大方的外观，轻薄的机型和便捷的操作界面，深受用户的喜爱。华为的人性化之处还在于，它根据不同的目标用户开发了多个系列产品，可以满足消费者对不同价位和功能手机的需求，精英白领可以选到心仪的款式，普通老百姓也可以选到物美价廉的手机。

其实，华为不只是一家做手机的企业，它还是通信设备生产商。从 1G 通话时代到 4G 视频时代，通信技术不断进步，华为一直引领世界的步伐。2019 年 9 月 6 日，在德国柏林消费电子展上，华为宣布了一个重大消息——华为将率先推出全球首款商用 5G SoC 芯片，引领 5G 万物互联时代。

5G 时代，万物互联。飙升的不仅仅是网速，更多的智慧科技相继而来，人类的生活发生翻天覆地的变化。5G 超越了网络上人与人的互联，也让数千万亿的物物互联，给人类生活带来更多便捷。5G 涉及的领域众多，包括农业、远程医疗等，自动驾驶、虚拟现实[①]场景将逐渐照进现实。中国各个城市也

① 虚拟现实：Virtual Reality，缩写为 VR，又称虚拟实境或灵境技术。

在加快智慧城市建设，推进5G网络全覆盖。同时，华为也在向世界各国抛出橄榄枝，帮助有意者建设5G基站。

中国从1G时代的空白，到如今5G时代的领先，各个行业也会借着5G的东风，有更好的未来。华为必像其名字的由来一样“心系中华，有所作为”，成为中国闪亮的名片！

[生词]

1. 轻薄 qīngbáo	（形）	thin and light
2. 人性化 rénxìnghuà	（形）	user-friendly
3. 用户 yònghù	（名）	users
4. 价位 jiàwèi	（名）	price
5. 款式 kuǎnshì	（名）	style
6. 企业 qǐyè	（名）	enterprise
7. 视频 shìpín	（名）	video
8. 步伐 bùfá	（名）	pace
9. 芯片 xīnpiàn	（名）	chip
10. 飙升 biāoshēng	（动）	to soar
11. 相继 xiāngjì	（副）	one after the other
12. 翻天覆地 fāntiānfùdì	（成语）	world-shaking
13. 自动驾驶 zìdòng jiàshǐ	（短语）	automatically driving
14. 抛 pāo	（动）	to offer
15. 橄榄枝 gǎnlǎnzhī	（名）	olive branch
16. 基站 jīzhàn	（名）	base station

空中小飞侠——中国无人机

你一定看过“无人机表演秀”吧？它可是夜晚演出最闪亮的“演员”。你可以在夜空中看见白鸽变幻着姿态飞翔，也可以看见巨大的字幕向你表示欢迎。夜空中的精彩表演，有时很像从前的烟花秀，但是却比烟花秀的安全系数更高，也不会造成任何污染，而且高清的视觉效果、3D 的观感更是让人叹为观止。

现如今，无人机不但在人们的日常生活中发挥着越来越重要的作用，而且在摄影、农业、勘探等领域，也都发挥着关键性的作用。

无人机在高空摄影领域发挥着自己的特长。高空摄影与手持摄影有所不同，风速、角度切换等都是无人机要面对的难题。“大疆精灵 3SE”很好地解决了这些难题，底部安装的 4K 镜头为高空高清摄影提供了基础条件，“增稳云台”能让无人机在大风的状态下依然可以平稳运行，给摄影爱好者们拍摄优秀的作品提供了有力的帮助。

除此之外，中国无人机在农业方面的作用也越来越突出。尤其是对现代的农场种植而言，大面积的农业生产需要大量的人力，过去的人工播种、人工浇水等已经不适用于农场种植。无人机的出现，既能够大面积浇灌，也能够快速喷洒农药，省时省力。此外，它还能实时监测农作物的生长情况，农业管理员只需要动动手指就能完成烦琐的监测工作了。

无人机正在以其轻小和实用的特点为我们带来一次又一次惊喜，解决一个又一个难题，特别是在抢险救援、通信侦察、环境监测等方面，无人机有着广阔的应用前景！

[生词]

1. 小飞侠 xiǎofēixiá	（名）	the flying hero
2. 无人机 wúrénjī	（名）	drone
3. 白鸽 báigē	（名）	pigeon
4. 变幻 biànhuàn	（动）	to change
5. 姿势 zīshì	（名）	posture
6. 字幕 zìmù	（名）	caption
7. 烟花秀 yānhuāxiù	（名）	firework show
8. 高清 gāoqīng	（形）	high-definition
9. 视觉 shìjué	（名）	visual
10. 叹为观止 tànwéiguānzhǐ	（成语）	to acclaim something as the acme of perfection

11. 切换 qiēhuàn	（动）	to switch
12. 安装 ānzhuāng	（动）	to install
13. 镜头 jìngtóu	（名）	lens
14. 平稳 píngwěn	（形）	stable
15. 作品 zuòpǐn	（名）	works
16. 播种 bōzhòng	（动）	to seed
17. 浇灌 jiāoguàn	（动）	to water
18. 喷洒 pēnsǎ	（动）	to spray
19. 监测 jiāncè	（动）	to monitor
20. 烦琐 fánsuǒ	（形）	tedious
21. 抢险救援 qiǎngxiǎnjiùyuán	（短语）	emergency rescue
22. 侦察 zhēnchá	（动）	to inspect

此“小米”非彼小米

今天说的这个“小米”可不是吃的那个小米，而是一家互联网公司。小米的标志“MI”，是“Mobile Internet”的缩写，它不仅名字生动有趣，更有趣的是“小米”各种令人眼花缭乱的智能产品。

从牙刷、耳机，到手机、电脑，再到洗衣机、电视，这一系列产品统称为“小米智能家居”。小米路由器是玩转智能家居的控制中心，通过小米路由器 App 可以联动控制智能设备。当我们带着可以记录运动数据的小米手环跑步时，可以提前打开家里的空调；一进家门灯光就会通过人体感应自动亮起；当我们躺在沙发上看着小米智能电视播放的节目时，客厅里的小米扫地机器人就会打扫卫生。小米智能简直就像是一位智能助手，让我们在日常生活中充分感受到科技带来的幸福感。

此外，小米还有一个更酷的智能助手——“小爱同学”，这是一款人工智能音响。你可以通过语音让小爱同学打开电视，把空调调到指定温度，播放歌曲……在贵阳中国国际大数据产业博览会上，小爱同学还获得了“2018 领先科技成果奖·黑科技”和“2018 领先科技成果奖·新产品”两项大奖。如此智能又人性化的家居系列，谁能不喜欢呢？

未来，我们未必每天吃小米，但很可能会每天用小米。小米智能致力于让全球每个人都能享受现代科技带来的美好生活，智能家居会让我们的生活变得更加美好！

[生词]

1. 标志 biāozhì	（名）	logo
2. 缩写 suōxiě	（动）	to abbreviate
3. 眼花缭乱 yǎnhuāliáoluàn	（成语）	dazzling
4. 智能家居 zhìnéngjiājū	（短语）	smart home
5. 路由器 lùyóuqì	（名）	router
6. 玩转 wánzhuàn	（动）	masterly operate
7. 联动 liándòng	（动）	to link
8. 数据 shùjù	（名）	data
9. 感应 gǎnyìng	（动）	to sense
10. 播放 bōfàng	（动）	to play
11. 简直 jiǎnzhí	（副）	surely
12. 充分 chōngfèn	（副）	fully
13. 款 kuǎn	（量）	a measure word
14. 指定 zhǐdìng	（形）	specified
15. 产业 chǎnyè	（名）	industry
16. 黑科技 hēikējì	（名）	black technology

快递小能手——物流机器人

2017 年在浙江乌镇举行了一场举世瞩目的围棋比赛，比赛双方是排名世界第一的中国围棋选手柯洁与机器人阿尔法狗（AlphaGo），最终阿尔法狗以 3∶0 战胜柯洁。这是世界上第一个战胜围棋世界冠军的人工智能机器人。这件事引发人类进一步思考，该如何让机器人更好地服务人类。

世界科技在不断发展，机器人发展愈加迅速，不知不觉中，机器人已经逐渐进入我们的生活。每年“双十一”（11 月 11 日），线上成交的订单特别多，引发快递公司爆仓的问题。面对堆积成山的快递，如果单靠人工挑拣，既费时又费力，等商品送到买家手上，可真得“等得花儿都谢了”。

怎么样以最快的方式将堆积成山的快递送到买家手上呢？物流机器人可帮上了大忙。物流机器人分为自动引导车（AGV）、码垛机器人、分拣机器人、自主移动机器人（AMR）、无人配送机器人等等。导航技术是物流机器人的核心技术之一，它能准确快速地运送货物到指定地点，从传统的磁导航、二维码导航、惯性导航到新兴的激光导航、视觉导航等混合应用，进一步提高了定位的精确性与稳定性。同时，这种物流机器人晚上也不用人监督，24 小时工作不喊累。当电量不足时，它还能自行换电，换电全程无需人工干预，只需两分钟，便能重回工作岗位。

显然，未来世界机器人和人类将共同工作协作，创造更美好、更高效的生活。但是，面对人工智能的迅猛发展，我们准备好了吗？

[生词]

1. 能手 néngshǒu	（名）	master-hand
2. 围棋 wéiqí	（名）	go chess
3. 排名 páimíng	（名）	ranking
4. 选手 xuǎnshǒu	（名）	player
5. 战胜 zhànshèng	（动）	to defeat
6. 人工智能 réngōngzhìnéng	（短语）	artificial intelligence
7. 思考 sīkǎo	（动）	to think
8. 如何 rúhé	（代）	how
9. 愈加 yùjiā	（副）	increasingly
10. 订单 dìngdān	（名）	orders
11. 爆仓 bàocāng	（名）	warehouse explosion

12. 堆积 duījī	（动）	to pile up
13. 码垛 mǎduò	（名）	stacking
14. 磁导航 cídǎoháng	（名）	magnetic navigation
15. 惯性 guànxìng	（名）	inertial
16. 激光 jīguāng	（名）	laser
17. 自行 zìxíng	（副）	independently
18. 干预 gānyù	（动）	to intervene
19. 迅猛 xùnměng	（形）	rapid

“你用电，我用心”[①]

相传亿万年前，天地一片混沌，盘古[②]开天辟地之后才带来了日与夜。人们欢呼白天的光明，却苦于无尽的黑夜。于是智慧的古人发明了蜡烛和油灯，电出现后，夜晚不仅可以亮如白昼，还可以五彩缤纷，电灯、电视机、电风扇、电冰箱等家用电器成了每个家庭必不可少的“伙伴”。“电”对于人类而言太重要了！

然而，电力普及至整个中国并非易事，这主要有两个原因：首先，中国地势西高东低，东部多为平原，西部则多为高原盆地，复杂的地形地貌给电力输送带来了极大的困难；其次，中国人口众多，要想满足14亿人的用电需求极具挑战性。

为了解决这两个难题，电力部门想到了两个高明的办法。

第一个办法是“西电东送”。所谓“西电东送”，就是把煤炭、水能资源丰富的西部省区的能源转化成电力资源，输送到电力紧缺的东部沿海地区。“西电东送”主要可分为北、中、南三线，分别向华北、华中和华东、华南电网输电。中国国家电网还创新了输电技术，用直流电负责远距离运输，交流电负责将电传送到千家万户，大大提高了电流的传输效率。

① “你用电，我用心”：中国国家电网公司的大众传播口号。

② 盘古：中国神话传说中开天辟地的大神。

第二个办法是创新发电技术，即不局限于一种发电方式，充分利用中国丰富的资源，使用多种方式发电，如火力、风力、氢能、太阳能等，以满足14亿人口的用电需求，真正做到了“你用电，我用心！”

[生词]

1. 相传 xiāngchuán	（动）	according to legend
2. 混沌 hùndùn	（名）	chaos
3. 开天辟地 kāitiānpìdì	（成语）	when heaven was separated from earth (the creation of the world)
4. 欢呼 huānhū	（动）	to cheer
5. 光明 guāngmíng	（名）	brightness
6. 蜡烛 làzhú	（名）	candle
7. 白昼 báizhòu	（名）	daytime
8. 五彩缤纷 wǔcǎibīnfēn	（成语）	colorful
9. 家庭 jiātíng	（名）	household
10. 地势 dìshì	（名）	terrain
11. 平原 píngyuán	（名）	plain
12. 盆地 péndì	（名）	basin
13. 高明 gāomíng	（形）	wise
14. 煤炭 méitàn	（名）	coal
15. 紧缺 jǐnquē	（形）	in shortage
16. 电流 diànliú	（名）	electricity
17. 传输 chuánshū	（名）	transmission
18. 氢能 qīngnéng	（名）	hydrogen energy
19. 攀登 pāndēng	（动）	to climb
20. 诠释 quánshì	（动）	to interpret

环保出行就靠它！

“女主人和男主人换上精致的服装，上了一辆轿车扬长而去，轿车背后留下了浓浓黑烟……”这一广告旨在暗讽燃油汽车对自然环境的污染。

截至2023年6月底，中国机动车保有量达4.26亿辆，很多家庭都有了自家的小汽车，出行更加便捷。但是家用汽车的剧增给空气质量带来的影响也不可小觑。大众对于私家车的需求与环境保护的关系该如何平衡呢？“新能源汽车”给出了很好的答案。

新能源汽车，它的运行不依靠石油燃料而是其他更环保的动力，如纯电动汽车、燃料电池汽车、混合动力汽车、醇醚燃料汽车、天然气汽车等，都使用石油以外的动力能源。新能源汽车拥有综合车辆的动力控制和先进的驱动技术，是技术原理先进的新型汽车。随着越来越多的新能源汽车投入使用，电桩设施的建设也“紧跟其后”。车主们只需把车开到电桩旁边，再扫一扫上面的二维码，便可以给自己的爱车充电了。

如今，无须加油的新能源汽车受到人们的喜爱，越来越多的新能源汽车在路上行驶。为了推行新能源汽车，政府根据不同类型、不同续航里程给予相应的补贴。例如，在上海，只要购买新能源汽车就可以直接获得上海车牌。要知道，想得到一块上海车牌不仅要参与漫长又烦琐的拍牌程序，还需要支付高额的费用。然而，如果你买一辆新能源汽车，这些麻烦事儿全都没有了。未来，希望更多的购车族青睐新能源汽车，共同开启绿色出行！

[生词]

1. 靠 kào	（动）	to rely on
2. 轿车 jiàochē	（名）	car
3. 扬长而去 yángchángérqù	（成语）	to run away
4. 暗讽 ànfěng	（动）	to insinuate
5. 剧增 jùzēng	（动）	to increase sharply
6. 不可小觑 bùkěxiǎoqù	（成语）	cannot be overlooked
7. 平衡 pínghéng	（动）	to balance
8. 新能源 xīnnéngyuán	（名）	new energy
9. 燃料 ránliào	（名）	fuels
10. 混合 hùnhé	（动）	to mix
11. 醇醚 chúnmí	（名）	alcohol ether

12. 驱动 qūdòng	（动）	to drive
13. 电桩 diànzhuāng	（名）	charging pole
14. 续航 xùháng	（名）	battery life
15. 车牌 chēpái	（名）	license plate
16. 程序 chéngxù	（名）	procedure
17. 青睐 qīnglài	（动）	to favour
18. 开启 kāiqǐ	（动）	to start

古有“飞鸽传书”，今有“微信[1]传话”

“飞鸽传书”是中国古代人与人联系的一种方式，就是把信件绑在受过训练的鸽子脚上传递消息。现如今，人们往往使用电话、邮件、微信等多种方式互通信息，其中微信无疑是最便捷的一种沟通方式。拿起手机，点开微信，就可以轻轻松松地和朋友聊天了。可谓是古有“飞鸽传书”，今有“微信传话”。

在中国，微信几乎是全民普及，很多老年人也用得很熟练。微信除了基本的传递消息的功能以外，还可以用各种表情包来传达语言不易表达的心情和感受，既传神又可爱，很容易拉近彼此的距离。语音输入功能解除了不会打字或者不想打字带来的苦恼，手指一摁，消息就轻松发出。如果是误发，微信还有在一定时间内选择撤回的功能。

微信成为沟通亲情和友情的桥梁，大家待在家里就可以与亲友用微信视频通话，在微信群里互致问候。过年期间，在微

① 微信：Wechat，是腾讯公司 2011 年推出的一个为智能终端提供即时通信服务的免费应用程序。

信上发红包、抢红包也是一大趣事。“一个红包众人抢，发觉晚了眼泪淌”，当手速慢的发现红包被抢光了，会发出“感觉错过了一个亿”的感叹。

微信的功能不断丰富和优化，微信支付已成为无现金支付的一种重要方式，“服务”板块还有更多实用的功能。人们还可以用微信记录生活，分享生活点滴。宅在家里，有人下厨、有人健身、有人练字作画，这些生活片段，打开朋友圈就能一览无余。点赞和评论更是增添了朋友间的即时互动。

[生词]

1. 绑 bǎng	（动）	to tie up
2. 鸽子 gēzi	（名）	pigeon
3. 无疑 wúyí	（形）	undoubtedly
4. 表情包 biǎoqíngbāo	（名）	emoji
5. 传神 chuánshén	（形）	vivid
6. 解除 jiěchú	（动）	to relieve
7. 苦恼 kǔnǎo	（形）	distress
8. 摁 èn	（动）	to press
9. 误发 wùfā	（动）	to send by mistake
10. 撤回 chèhuí	（动）	to withdraw
11. 走亲访友 zǒuqīnfǎngyǒu	（成语）	to visit relatives and friends
12. 团圆饭 tuányuánfàn	（名）	a reunion dinner
13. 亲情 qīnqíng	（名）	family bond
14. 趣事 qùshì	（名）	fun

15. 淌 tǎng	（动）	to trickle
16. 感叹 gǎntàn	（动）	to exclaim
17. 点滴 diǎndī	（名）	dribs and drabs
18. 一览无余 yīlǎnwúyú	（成语）	to take in everything in a glance
19. 点赞 diǎnzàn	（动）	to give a like
20. 评论 pínglùn	（动）	to comment

“抖音[①]”，记录美好生活！

如果有人问，现在中国最流行的短视频软件是什么？那抖音绝对可占一席之地。抖音设计开发的宗旨是让每一个人看见并连接更大的世界，鼓励表达、沟通和记录，激发创造，丰富人们的精神世界，让现实生活更美好。

抖音的操作简单明了。只要在手机端下载抖音 App，在软件界面轻轻滑动手指，就可以尽情观看一个又一个富有动感的音乐小视频。你无须费心选择，抖音会根据你的浏览喜好推送你可能感兴趣的内容；你也无须担心视频质量，因为这些视频都经过监管部门严格的筛选，新奇的创意、优质的内容都是通过审查的必要条件。

抖音给每一个普通人提供了一个开放的舞台。在这里，每个人都可以成为主播，分享你的生活，表达你的想法，甚至是致力于一些专业知识的传播。只要你的内容有趣、有用，就可以得到无数的点赞，收获大批的粉丝。抖音让拍摄视频变得简单易行，你还可以按照你的喜好编辑、添加字幕，增加效果等。在抖音，我们看到一个个认真生活的平凡人，或是分享孩

① 抖音：北京微播视界科技有限公司开发的一款短视频社交软件。

子成长喜悦的宝妈，或是记录考研心路历程的大学生，或是传播知识、介绍学习方法的老师，或是分享自己三餐四季的普通农妇，或是教人们怎样打网球的网球教练……总之，科学百科、情感分析、美味佳肴、优美风景，任何你想看的，这里都有。

除此之外，很多政府、企业和个人也通过抖音来直播带货。通过抖音，土特产的原产地直接对接上了城市客户；手工匠人的精美作品被更多人看见。因此，抖音慢慢发展成了一个兼具电商功能的平台。抖音还推出了海外版，叫作“Tik Tok”，受到了海外用户的热烈追捧。

抖音虽好，但如果沉迷其中而消磨了大把时光就得不偿失了，在看完别人的精彩生活后，为自己想拥有的生活而努力奋斗吧！毕竟“幸福是奋斗出来的”。

[生词]

1. 抖音 dǒuyīn	（名）	Tik Tok
2. 一席之地 yīxízhīdì	（成语）	a place to stay
3. 激发 jīfā	（动）	to inspire
4. 分享 fēnxiǎng	（动）	to share
5. 筛选 shāixuǎn	（动）	to censor
6. 喜好 xǐhào	（名）	preference
7. 美味佳肴 měiwèijiāyáo	（成语）	delicious food
8. 土特产 tǔtèchǎn	（名）	local specialty

9. 对接 duìjiē	（动）	to connect
10. 匠人 jiàngrén	（名）	craftsman
11. 精美 jīngměi	（形）	fine
12. 追捧 zhuīpěng	（动）	to chase after
13. 消磨 xiāomó	（动）	to kill
14. 得不偿失 débùchángshī	（成语）	The game is not worth the candle

5/文化篇

来自故宫的礼物

北京故宫博物院建于1925年，是在明朝、清朝两代皇宫的基础上成立的中国综合性博物院。就宫殿建筑年代而言，故宫已经600多岁了。然而，近年故宫又重新焕发了青春活力，成为知名“网红”。

2008年，故宫成立文化创意中心，开发了许多文创产品。如今，故宫的文创产品数量已经超过了1万种，它们新颖别致、美观大方，深受好评。比如“事事如意纳福猫”摆件。一只可爱的小猫抱着红红的柿子，旁边是一柄小小的金如意。在汉语中，“柿”与“事”是谐音字，再加上“如意”，就是“事事如意”。这只猫也不是普通的猫，而是有名的“故宫猫”。在这套摆件中，设计师巧妙地将宫猫和柿子、如意结合在一起，传达了对美好生活的祝福。

还有一款便签纸，它的设计灵感来源于北宋王希孟的《千里江山图》①。这幅画是中国十大传世名画之一。设计师以原画中的一座山峰为原型，用精致的纸张做成一座纸山，旁边环绕着奇峰美景，十分引人入胜。

---

①《千里江山图》：北宋王希孟创作的绢本设色画，现收藏于北京故宫博物院。

凭借丰富的文物资源和优秀的专业人才，故宫文创产品不断推出新的产品。这些产品与日常生活有密切关系，不仅满足了人们追求创新和美好的愿望，还传达了中国传统的文化审美观念，受到不同年龄人们的欢迎。

[生词]

1. 故宫 gùgōng	（名）	The Imperial Palace
2. 焕发 huànfā	（动）	to radiate
3. 知名 zhīmíng	（形）	well-known
4. 开发 kāifā	（动）	to develop
5. 文创 wénchuàng	（名）	cultural and creative
6. 别致 biézhì	（形）	chic
7. 新颖 xīnyǐng	（形）	novel
8. 如意 rúyì	（名）	Ruyi
9. 摆件 bǎijiàn	（名）	decorative items
10. 柿子 shìzi	（名）	persimmon
11. 谐音 xiéyīn	（名）	homophony
12. 巧妙 qiǎomiào	（形）	ingenious
13. 结合 jiéhé	（动）	to combine
14. 便签纸 biànqiānzhǐ	（名）	post-it note
15. 灵感 línggǎn	（名）	inspiration
16. 原型 yuánxíng	（名）	prototype
17. 环绕 huánrào	（动）	to surround
18. 引人入胜 yǐnrénrùshèng	（成语）	fascinating
19. 凭借 píngjiè	（动）	to rely on
20. 审美 shěnměi	（名）	aesthetic

数字敦煌[①]

敦煌位于亚洲中部、中国甘肃西部。历史上，敦煌是中西文明的交汇点；如今，它依然举世闻名，因为它有着世界上最珍贵的文化宝藏之一——莫高窟。

莫高窟建于公元366年，连续建造时长约有千年之久，是世界上现存规模最大、保存最完好的佛教石窟艺术胜地，每年迎接着无数的中外游客。但是，莫高窟也面临着严峻的考验，那就是时间所带来的侵蚀。此外，大量游客进入洞窟，也会引起环境的变化，从而损害洞窟中的艺术品。如何既能保护文物，又能满足游客的需要呢？

① 本文资料来源：樊锦诗《我心归处是敦煌：樊锦诗口述》。

在敦煌研究院院长樊锦诗[①]的带领下，“数字敦煌”的想法开始一步步落实。“数字敦煌”指的是采用数字化技术[②]，使敦煌洞窟的建筑、壁画、彩塑等转化为可共享、可再生的数字形态，以达到“永久保存、永续利用”的目的。

2016年5月1日，“数字敦煌”第一期上线。世界各地的游客只要在资源库中点一下，就可以免费观看30个洞窟的数字化图像，还可以进行720度全景漫游。敦煌研究院进一步利用虚拟漫游等新技术，借助5G和云计算，进一步建起线上线下融合的传播体系。2020年，研究院还推出了“云游敦煌”微信小程序，尝试用音乐、游戏、文创产品等形式，让文物“活”起来，让更多的人“看见”敦煌、认识敦煌。

[生词]

1. 数字 shùzì	（形）	digital
2. 交汇 jiāohuì	（动）	to meet
3. 举世闻名 jǔshìwénmíng	（成语）	world-famous
4. 珍贵 zhēnguì	（形）	precious
5. 宝藏 bǎozàng	（名）	treasures
6. 莫高窟 mògāokū	（专名）	Mogao Grottoes

① 樊锦诗：敦煌研究院院长，长期致力于石窟考古、石窟科学保护和管理，被誉为“敦煌的女儿”。

② 数字技术：是指借助一定的设备将各种信息进行运算、加工、存储、传送、传播、还原的技术。

7. 面临 miànlín	（动）	to be faced with
8. 侵蚀 qīnshí	（动）	to erode
9. 此外 cǐwài	（连）	in addition to that
10. 损害 sǔnhài	（动）	to damage
11. 洞窟 dòngkū	（名）	cavern
12. 文物 wénwù	（名）	cultural relics
13. 再生 zàishēng	（动）	to be renewable
14. 形态 xíngtài	（名）	form
15. 图像 túxiàng	（名）	image
16. 全景 quánjǐng	（名）	panorama
17. 漫游 mànyóu	（动）	to roam

“非遗”[①]在上海

在人们的心中，上海是一个国际化的大都市。高楼林立的外滩[②]，快节奏的都市生活，热热闹闹的夜晚。但其实上海也是一座历史文化名城，有其古老和传统的一面，国家级非物质文化遗产就有63项呢。

上海在保护和抢救非遗方面做出了许多努力。走在上海街头，静下心来慢慢寻找，总能找到非遗的身影。著名的旅游景点——古镇南翔就是一项非遗。南翔有着浓郁的传统文化气息，走在南翔老街上，人们可以感受到舒缓、悠闲的生活方式，还可以享受各种当地美食。南翔小笼包——另一项非遗，

---

① 非遗：非物质文化遗产的简称。

② 外滩：上海的著名景点，位于黄浦江畔。

就发源于这里。如今，南翔小笼包已经成为上海的文化名片，受到无数中外游客的喜爱。此外，嘉定竹刻、豫园灯会、龙华庙会①、崇明山歌也各具特色，引人入胜。

非物质文化遗产还走进了高校，例如上海师范大学就成为非遗项目“顾绣”的传承基地。顾绣是一种传统的刺绣工艺，它是民间刺绣与文人画结合的产物，所绣的山水、人物、花鸟精细无比、栩栩如生。如今，上海师范大学还开设了“民俗文化与顾绣”“中国丝绣鉴赏”等课程，吸引了众多学生的参与。

随着社会的发展，保护传统文化越来越成为人们的共识。让我们一起珍惜传统、爱护传统，用心去体会历史的馈赠。

[生词]

1. 国际化 guójìhuà	（名）	internationalization
2. 高楼林立 gāolóulínlì	（短语）	full of high-rise buildings
3. 古老 gǔlǎo	（形）	ancient
4. 抢救 qiǎngjiù	（动）	to rescue
5. 景点 jǐngdiǎn	（名）	scenic spots
6. 舒缓 shūhuǎn	（形）	relaxed
7. 悠闲 yōuxián	（形）	leisure
8. 方式 fāngshì	（名）	way
9. 小笼包 xiǎolóngbāo	（专名）	a type of steamed bun
10. 发源 fāyuán	（动）	to originate

① 嘉定竹刻是一种手工艺品，豫园灯会、龙华庙会是民间节庆活动。

11. 竹刻 zhúkè	（名）	bamboo carving
12. 灯会 dēnghuì	（名）	lantern show
13. 各具特色 gèjùtèsè	（短语）	each with its own character
14. 刺绣 cìxiù	（名）	embroidery
15. 民间 mínjiān	（名）	folk
16. 文人 wénrén	（名）	literati
17. 精细 jīngxì	（形）	fine
18. 栩栩如生 xǔxǔrúshēng	（成语）	vivid and lifelike
19. 鉴赏 jiànshǎng	（动）	to appreciate
20. 共识 gòngshí	（名）	consensus
21. 馈赠 kuìzèng	（动）	to present (a gift)

浓缩的江南园林

（图片来源：苏博官网，已授权）

2000年，远在美国的贝聿铭收到苏州市市长发来的一封传真，邀请他为苏州设计一座博物馆。于是，苏州博物馆（本馆）成了贝聿铭晚年的重要作品，也是他献给故乡苏州的珍贵礼物。

贝聿铭是著名的华裔建筑师，法国卢浮宫玻璃金字塔就是他的代表作之一。他小时候住在苏州，经常在苏州狮子林中玩耍，这份记忆始终留在他的心中。苏州博物馆新馆复活了这份记忆，它充分展示出江南园林的魅力，体现了中西方建筑艺术的完美融合。它有着江南建筑中最显著的特征——粉墙黛瓦，远远看去就像一幅水墨画。馆内有多个精美的庭院，点缀着池塘、假山、小桥、亭台、竹林等，充分体现了苏州古典园林的文化特色。同时又采用玻璃和开放式钢结构，满足了现代建筑的采光需求。

贝聿铭善于从传统文化如古典诗词、绘画、园林中汲取设计灵感。例如在设计日本美秀美术馆时，他受到中国文学作品《桃花源记》的启发，设计了一个富有诗情画意的入口：一座山，一个谷，美术馆在云雾中若隐若现……充分展示了东方文化的独特韵味。

贝聿铭在中西方文化碰撞中找到一个最佳的平衡点，用自信、优雅的姿态和富有创造力的作品向世界呈现中国文化的独特与美好。

[生词]

1. 浓缩 nóngsuō	（形）	concentrated
2. 园林 yuánlín	（名）	gardens
3. 设计 shèjì	（动）	to design
4. 献 xiàn	（动）	to dedicate to
5. 华裔 huáyì	（名）	Chinese-American
6. 建筑师 jiànzhùshī	（名）	architect
7. 玻璃 bōli	（名）	glass
8. 代表作 dàibiǎozuò	（名）	representative
9. 记忆 jìyì	（名）	memory
10. 复活 fùhuó	（动）	to revive
11. 特征 tèzhēng	（名）	characteristic
12. 粉墙黛瓦 fěnqiángdàiwǎ	（短语）	white wall and black tiles

13. 水墨画 shuǐmòhuà	（名）	ink painting
14. 庭院 tíngyuàn	（名）	courtyard
15. 点缀 diǎnzhuì	（动）	to intersperse
16. 池塘 chítáng	（名）	pond
17. 假山 jiǎshān	（名）	rockery
18. 古典 gǔdiǎn	（形）	classical
19. 汲取 jíqǔ	（动）	to draw
20. 若隐若现 ruòyǐnruòxiàn	（成语）	partly hidden and partly visible
21. 姿态 zītài	（名）	posture

中国诗词大会

自2016年起，中央电视台在春节期间推出了文化类综艺节目《中国诗词大会》，到2021年春节，已经连续播出了六季。这档节目以“赏中华诗词、寻文化基因、品生活之美”为宗旨，寓文化与娱乐、知识与趣味为一体，令人耳目一新，深受观众的喜爱。

《中国诗词大会》虽然以比赛的方式进行，但氛围优美、和谐，充满着浓郁的诗情画意。节目在古典诗词的诵读与赏析中，带领观众一起感受古典文化的魅力，获得美的享受。此外，主持人和点评嘉宾都有很高的诗词修养，散发出独特的个人魅力，进一步提升了节目的诗意氛围。此外，舞台设计也加入中国元素，追求视觉效果，给观众带来了难忘的视听盛宴。

《中国诗词大会》的比赛内容虽然是古典诗词，却采用了全新、多样的比赛方式，具有创新性。许多观众看了节目后惊呼：“原来诗词还可以这样‘玩’！”这大大提高了人们的参与热情。比赛选手们来自全国各地，他们年龄、职业各不相同，但却都对古典诗词有着共同的热爱。

第三季《中国诗词大会》的总冠军雷海为是一个快递小

哥，他用一句古诗总结自己的夺金之路："千淘万漉虽辛苦，吹尽狂沙始到金[①]。"

中国古典诗词是中华文化的瑰宝，它不仅是中华文化最重要的艺术表现形式，其中还包含着中国历史、风俗、地理、哲学等丰富的文化内涵。许多诗词流传千古、脍炙人口，富于语言美、画面美、意境美，具有启智润心的作用。

[生词]

1. 推出 tuīchū	（动）	to launch
2. 综艺 zōngyì	（名）	variety
3. 档 dàng	（量）	a measure word
4. 基因 jīyīn	（名）	gene
5. 宗旨 zōngzhǐ	（名）	purpose
6. 趣味 qùwèi	（名）	fun
7. 耳目一新 ěrmùyīxīn	（成语）	a breath of fresh air
8. 诵读 sòngdú	（动）	to read aloud
9. 赏析 shǎngxī	（动）	to appreciate and analyze
10. 点评 diǎnpíng	（动）	to comment on
11. 嘉宾 jiābīn	（名）	guests
12. 修养 xiūyǎng	（名）	accomplishments
13. 诗意 shīyì	（名）	poetry

① 本诗句出自唐代诗人刘禹锡所作的《浪涛沙》，意思是：只有经历千百次的淘沙，金子才能出现。比喻有价值的人或事物可能被埋没，但最终还是会被人发现。

14. 氛围 fēnwéi	（名）	atmosphere
15. 元素 yuánsù	（名）	element
16. 惊呼 jīnghū	（动）	to exclaim
17. 参与 cānyù	（动）	to participate
18. 夺金 duó//jīn	（动）	to win gold medal
19. 瑰宝 guībǎo	（名）	gem
20. 脍炙人口 kuàizhìrénkǒu	（成语）	win universal praise

B站“破圈儿[1]”

2020年的跨年之夜，一场晚会引起了网友们的热议；同样是这一年的“五四”青年节，一个题为《后浪》的小视频在网上走红，一夜间，几乎所有人都知道了“后浪[2]”这个词。这两个在社会上引起巨大反响的事件，都与一个网站有关，那就是B站。

B站是哔哩哔哩（bilibili）网站的简称。一开始，它是动漫文化爱好者的聚集地，大多数的使用者都出生于1990年以后，因此，B站在很长时间内被认为是年轻人的“天地”。但随着时间的推移，B站开始想要吸引更多人加入。2020年，B站打造了一场盛大的跨年晚会，总播放量超过了8000万。在晚会上，年轻人不仅能够看到流行明星，还能听到他们喜欢的动漫影视主题曲。同时，晚会还专为60后、70后[3]提供了他们熟悉的影视歌曲。于是，借助一场跨年晚会，B站成功引起不同年龄段人群的注意，顺利成为一个全民关注的网站。

根据B站的相关报道，3年前，B站的群体主要以90后、

① 破圈儿：网络流行词，即“出圈”，指某个人或作品突破某个小圈子，被更多的人接纳并认可。

② 后浪：网络用语，与“前浪”相对，喻指晚辈，取自“长江后浪推前浪”。

③ 60后、70后：分别指出生于20世纪60、70年代的人群。

00后为主；现在，越来越多的85后、80后人群也已成为B站的使用者。此外，B站也不再以动漫文化的分享与交流为主，而是聚集了一大批不同行业中最具人气的视频创作者，包括美妆、旅游、美食等不同主题的内容创作。

也有人认为，现在的B站，已经不是当初的B站了。无论如何，作为一个深受年轻人喜爱的网络平台，它终将乘风破浪，不断前行。

[生词]

1. 跨年 kuà//nián	（动）	to spend the New year's Eve
2. 热议 rèyì	（名）	heated discussion
3. 走红 zǒuhóng	（动）	to be popular
4. 反响 fǎnxiǎng	（名）	response
5. 动漫 dòngmàn	（名）	animation
6. 聚集 jùjí	（动）	to aggregate
7. 推移 tuīyí	（动）	to elapse or pass
8. 盛大 shèngdà	（形）	grand
9. 影视 yǐngshì	（名）	films and television
10. 主题曲 zhǔtíqǔ	（名）	theme song
11. 报道 bàodào	（名）	report
12. 行业 hángyè	（名）	industry
13. 人气 rénqì	（名）	popularity
14. 美妆 měizhuāng	（名）	beauty
15. 内容 nèiróng	（名）	content
16. 当初 dāngchū	（副）	initially
17. 乘风破浪 chéngfēngpòlàng	（动）	to brave the wind and waves

快速发展的中国科幻

2019年问世的中国电影《流浪地球》，一举拿下了当年春节档票房的冠军，并且拉开了中国科幻电影走向世界的大幕，因此很多中国的科幻迷将2019年称为“中国科幻电影元年”。《流浪地球》在中国内地获得了46.55亿元的票房，在全球取得了6.998亿美元的好成绩。

其实，这部电影制作特效的成本只有4000多万美元，相比于近些年来其他好莱坞科幻大片，花费的成本可以说非常低，但电影的效果却一点也不含糊。从北京的地下城世界，到广阔的宇宙空间，它都展示得淋漓尽致。《流浪地球》不仅有着精美的电影画面，更有栩栩如生的现实感，比如北京地下城的标语、东方明珠和奥运会体育馆等，带给观众强烈的真实感。

科幻电影能够取得如此大的成功，离不开优秀的原著作品。《流浪地球》的作者是刘慈欣，他还写有另一部出色的科幻小说《三体》。这部长篇小说包括“地球往事”“黑暗森林”“死神永生”三部曲，体现了作家非凡的想象力和出色的语言表现能力。刘慈欣获得了被誉为“科幻艺术界诺贝尔奖”的“雨果奖”，受到全世界科幻迷的追捧。据说，《三体》的电影改编已经在进行中。这真是一件令人期待的事！

[生词]

1. 科幻 kēhuàn	（名）	science fiction
2. 问世 wènshì	（动）	to come out
3. 一举 yījǔ	（副）	at one go
4. 票房 piàofáng	（名）	box office
5. 元年 yuánnián	（名）	the first year of an era
6. 特效 tèxiào	（名）	special effects
7. 好莱坞 hǎoláiwù	（专名）	Hollywood
8. 含糊 hánhu	（形）	vague
9. 淋漓尽致 línlíjìnzhì	（成语）	in great detail
10. 画面 huàmiàn	（名）	frames
11. 标语 biāoyǔ	（名）	slogan
12. 奥运会 àoyùnhuì	（专名）	the Olympics
13. 体育馆 tǐyùguǎn	（名）	gymnasiums
14. 真实感 zhēnshígǎn	（名）	sense of reality
15. 原著 yuánzhù	（名）	original work
16. 非凡 fēifán	（形）	extraordinary
17. 改编 gǎibiān	（动）	to adapt

网络文学“出海[①]”

在中国，网络文学曾经引起过很大争议。有人认为，网络文学无法与经典的优秀文学相比；也有人认为，网络文学拥有广大的读者市场，有些已经成为经典。无论如何，人们都必须面对一个事实：网络文学正快速发展，并且已经“出海”，在海外受到大量读者的喜爱。

“求更新！”“千万不要停啊！”“真期待故事接下来的情节……”在网络小说的读者互动区，充满着关于人物、情节的讨论。在小说连载平台“起点国际”（Webnovel），每天海外读者对各类小说的评论多达4万余条。根据《2020年中国网络文学出海分析报告》的统计，截至2019年，中国向海外输出的网络文学作品数量已经超过1万部，这个数字肯定还将继续扩大。而与2019年相比，2020年新增读者数超过73.73%。

有趣的是，受中国网络文学的影响，许多海外读者也开始写作。生活在美国德州的罗根说：“我的小说中许多灵感都来源于中国网络小说，还有一些人物灵感来自中国古典名著，比如《西游记》。”

① 出海：原义为海员或渔民驾驶船只到海上去，现在也指流传到海外。

通俗文化的“出海”，是许多国家文化传播的重要方式。美国的好莱坞大片，日本的动漫，英国的“哈利·波特”，都是成功的范例。在对文学影视作品的讨论中，不同国家的网友们互相更加了解，对其他国家的印象也不再只停留于各国媒体的报道。

当然，随着网络文学的快速发展，读者也对其提出了更高的要求。如何创作出更受欢迎、更有新意的作品，是网络文学作者共同面对的难题。

[生词]

1. 网络 wǎngluò	（名）	internet
2. 文学 wénxué	（名）	literature
3. 争议 zhēngyì	（名）	controversy
4. 更新 gēngxīn	（动）	to update
5. 情节 qíngjié	（名）	plot
6. 互动区 hùdòngqū	（名）	interactive area
7. 人物 rénwù	（名）	characters
8. 连载 liánzǎi	（动）	to serialize
9. 通俗 tōngsú	（形）	popular
10. 传播 chuánbō	（动）	to transmit
11. 范例 fànlì	（名）	example
12. 停留 tíngliú	（动）	to be confined to
13. 创作 chuàngzuò	（动）	to creat
14. 新意 xīnyì	（名）	innovation
15. 面对 miànduì	（动）	to face
16. 难题 nántí	（名）	problem

舌尖上的中国

《舌尖上的中国》[①]是中国中央电视台推出的美食类纪录片，现已推出三季，每季七、八集。这部纪录片介绍了中国各地的风味美食，展示了丰富多彩的中华美食文化。

《舌尖上的中国》用讲故事的方式呈现了各地有代表性的特色美食。例如，第一季第六集《五味的调和》以 10 个生动的小故事讲述了中国的传统"五味"——酸甜苦辣咸。故事的主人公们生活在广东、四川、江苏等不同地方，节目中的饮食也涉及川、粤、淮扬等不同菜系[②]。以甜为例，有潮州的糖葱和

---

① 《舌尖上的中国》：一部美食纪录片，英文名"A bite of China"，主要介绍中国各地的特色美食。

② 川、粤、淮扬菜系：指的是中国四川地区、广东地区以及江苏扬州、淮安地区的美食。

熏鸭，有无锡的酱排骨；而在以辣著称的川菜中，则有四川的泡椒、豆瓣酱，以及重庆的麻辣火锅。

纪录片并不只是展现美食，还融合讲述了当地的地理气候、风俗习惯等。比如，第二季第一集《时节》向我们展示了食物的地域性和季节性的契合。东北的冬天寒冷又漫长，用冰冻后的水制作冻豆腐再好不过，再配上冬季溪水中的鱼，便是一餐鲜美温暖的铁锅鱼。而在浙江的天目山，每年春天，村民们就会到深山中抢挖又脆又嫩的雷笋——春雷过后的第一批竹笋。美食属于季节，更属于勤劳的、以大自然为家园的人们。

节目还展示了深厚的中国传统观念。《五味的调和》中说道："五味最佳的存在方式是调和以及平衡。这不仅是中国历代厨师不断追求的完美状态，也是中国人在为人处事，甚至在经世治国上所追求的理想境界。"这恐怕就是《舌尖上的中国》之所以打动人心的秘诀。

[生词]

1. 纪录片 jìlùpiàn	（名）	documentary
2. 季 jì	（名）	a measure word
3. 风味 fēngwèi	（名）	local flavour
4. 丰富多彩 fēngfù-duōcǎi	（成语）	colorful
5. 调和 tiáohé	（动）	to blend
6. 涉及 shèjí	（动）	to involve
7. 熏鸭 xūnyā	（名）	smoked duck
8. 酱排骨 jiàngpáigǔ	（名）	pork ribs in sauce

9. 泡椒 pàojiāo	（名）	pickled pepper
10. 豆瓣酱 dòubànjiàng	（名）	soya bean paste
11. 麻辣火锅 málàhuǒguō	（名）	spicy hot pot
12. 地理 dìlǐ	（名）	geography
13. 风俗 fēngsú	（名）	customs
14. 契合 qìhé	（动）	to agree with
15. 漫长 màncháng	（形）	long
16. 属于 shǔyú	（动）	to belong to
17. 勤劳 qínláo	（形）	industrious
18. 为人处事 wéirén-chǔshì	（短语）	dealing with people
19. 经世治国 jīngshì-zhìguó	（短语）	ruling the country and the world

汉服正流行

这几年，汉服开始流行起来，汉服爱好者队伍不断扩大。在公园里、地铁上、校园中、闹市区，都可以看到穿着汉服的年轻人，旅游景区就更多了，其中还有不少外国朋友呢。

汉服指的是汉民族的传统衣服，是优秀中华文化的体现。汉服的种类很多，有的是上衣下裳，有的则是上下相连；有的活泼可爱，有的鲜艳夺目，有的朴素低调。总之，不同风格、颜色的汉服各具魅力，能够让不同个性、喜好的人们感到“总有一款适合你”。

让我们来看看，汉服究竟有多“火”。根据统计，新浪微博①上，与“汉服”有关的话题，阅读量为57.6亿；抖音的相

① 新浪微博：新浪旗下的社交媒体平台及软件。

关视频则获得了 805.3 亿次播放；而在年轻人喜爱的 B 站，仅 2023 年一年，传统文化的视频总播放量就达到 120 亿，其中汉服与相关配饰的视频最受追捧。

人们喜欢汉服，不仅仅是因为汉服美丽，还因为汉服有着深厚的文化内涵，能够在无形之中影响人的性格与品质。通过选择不同风格、颜色的汉服，年轻人不仅能够表达自己独特的服装品味、喜好，还能够培养优雅的气质，同时，也能够最直接地感受、体会中华民族传统文化的美好内涵。

历史上，汉服影响了整个汉文化圈，亚洲一些国家的传统服饰也具有或借鉴了汉服的特点。今天，汉服已经不再仅仅是舞台表演和艺术摄影的道具，而是成了许多年轻人日常穿着的选择，体现了人们将传统文化和现代生活相结合的美好愿望。

[生词]

1. 汉服 hànfú	（名）	Han Chinese Clothing
2. 队伍 duìwǔ	（名）	team
3. 闹市区 nàoshìqū	（名）	busy streets
4. 景区 jǐngqū	（名）	scenic area
5. 裳 cháng	（名）	skirt (worn in ancient China)
6. 相连 xiānglián	（动）	to attach
7. 鲜艳夺目 xiānyàn-duómù	（短语）	brilliant and dazzling
8. 低调 dīdiào	（形）	low-profile
9. 魅力 mèilì	（名）	charm
10. 话题 huàtí	（名）	topic

11. 频道 píndào	（名）	channel
12. 深厚 shēnhòu	（形）	deep
13. 内涵 nèihán	（名）	connotation
14. 气质 qìzhì	（名）	temperament
15. 服饰 fúshì	（名）	costume
16. 舞台 wǔtái	（名）	stage
17. 摄影 shèyǐng	（名）	photography
18. 道具 dàojù	（名）	accessories

热辣辣的广场舞[1]

人们经常可以看到这样一种场景：在公园或者小区的一块空地上，几十个中老年人身着鲜艳的衣服，跟着音乐节拍甩着胳膊、踢着腿，还不时扭扭腰、摆摆头，显得无比轻松快乐。

这就是近年流行的"广场舞"。

跳广场舞的人以中老年女性为主。今年 62 岁的黄阿姨是小区里广场舞团队的"领舞"。每天晚上 7 点钟，她都会准

① 广场舞：一种舞蹈形式，因多在广场聚集而得名，以集体舞为主要形式，以健身为主要目的。

时带着录音机出现在小区的空地上，开始播放音乐，舞友们便跟着音乐的节拍跳起来。黄阿姨说，跳广场舞既是一种运动，也是与同龄人进行交流的方式，给她的生活增添了很多乐趣。

对于小区里的“广场舞”，有些人持反对意见，主要是因为舞曲的声音太大，影响人们正常的生活。于是，黄阿姨与朋友们商量，在降低音乐音量的同时，尽量在远离人群的地方跳舞。于是，广场舞队与邻居相安无事了。毕竟，广场舞阿姨们的活力和笑声也感染着身边的人。

广场舞兴起于20世纪90年代，因为简单易学，没有特殊条件和设备要求，既能锻炼身体又能陶冶情操，因此很快就流行起来，现已成为影响力最大、参与度最高的群众文化活动之一。

2014年8月，首次来到上海的“憨豆先生[①]”在拍摄电影期间，也与中国大妈大爷一起跳起广场舞。一些随子女移居国外的老人，在异国他乡也组成了广场舞队，把广场舞跳到了世界各地。当然，近年有关广场舞对有限城市空间的争夺、噪声扰民等问题成为城市的阵痛，需要城市管理部门进一步协调解决。

---

① 憨豆先生：英国演员罗温·艾金森饰演的喜剧片《憨豆先生》（Mr. Bean）中的主人公。

[生词]

1. 热辣辣 rèlàlà	（形）	hot
2. 小区 xiǎoqū	（名）	neighborhood
3. 甩 shuǎi	（动）	to shake
4. 不时 bùshí	（副）	occasionally
5. 扭 niǔ	（动）	to twist
6. 团队 tuánduì	（名）	team
7. 领舞 lǐngwǔ	（名）	lead dancer
8. 同龄人 tónglíngrén	（名）	peers
9. 乐趣 lèqù	（名）	fun
10. 远离 yuǎnlí	（动）	to keep away from
11. 相安无事 xiāngānwúshì	（成语）	live together in peace
12. 陶冶 táoyě	（动）	to cultivate
13. 情操 qíngcāo	（名）	sentiment
14. 移居 yíju	（动）	to migrate
15. 噪声 zàoshēng	（名）	noise
16. 阵痛 zhèntòng	（名）	throes
17. 化解 huàjiě	（动）	to dissolve

烟雨江南

地理学意义上，广义的江南是指长江以南的地区；而在文化学意义上，江南一般包括今上海、苏南、皖南、浙北乃至江西北部等地。唐诗《忆江南》[①]写道："江南好，风景旧曾谙。日出江花红胜火，春来江水绿如蓝。"这首诗生动地描绘了一幅江南春意盎然的美景。

"上有天堂，下有苏杭"，说的就是江南美景可与天堂相媲美。苏州的园林、古镇的小桥流水，西湖的四季变化……无不令人神往。江南风光与北国不同，它温柔恬静，适合静静地欣赏和品味。

每到三、四月份，天空中弥漫着云雾，夹杂着细雨，似烟

①《忆江南》：唐朝诗人白居易的诗作。

雾缭绕，因此常被称为“烟雨江南”。这样的日子，撑一把伞，在静谧的古镇、园林中漫步，到小镇茶馆品一壶清茶，你会感受到紧张忙碌生活之外的人生乐趣。

江南是中国经济比较发达的地区之一。这里交通非常便利，自从杭黄铁路开通以后，搭乘高铁、动车游江南，已经成为最热门的旅游攻略之一。这条铁路途经富春江、新安江、千岛湖等知名景区，沿线 5A 级景区有 7 个，4A 级景区超过 50 个，一路名城、名江、名湖、名山相伴，因此被称为“中国最美高铁线”之一。乘坐这条高铁，可以去西湖泛舟，可以去黄山观景，可以去千年古村落探秘，还可以在山野间漂流。

“人人尽说江南好，游人只合江南老。”① 道出古人对江南的一种归属感。中国幅员辽阔，各地的自然环境千差万别，经济社会发展程度不同，形成了多姿多彩的地域文化景观。你最喜欢哪里呢？

[生词]

1. 春意盎然 chūnyìàngrán	（成语）	spring is in the air
2. 媲美 pìměi	（动）	to be as good as
3. 温柔 wēnróu	（形）	gentle
4. 恬静 tiánjìng	（形）	tranquil
5. 弥漫 mímàn	（动）	to be filled with

① 引自唐朝诗人韦庄的《菩萨蛮·人人尽说江南好》，意思是每个人都说江南是个好地方，游客只想在江南慢慢变老。

6. 夹杂 jiāzá	（动）	to be mixed with
7. 撑 chēng	（动）	to carry
8. 静谧 jìngmì	（形）	quiet
9. 漫步 mànbù	（动）	to stroll
10. 泡 pào	（动）	to make
11. 忙碌 mánglù	（形）	busy
12. 搭乘 dāchéng	（动）	to travel by
13. 途经 tújīng	（动）	to travel through
14. 泛舟 fànzhōu	（动）	to go boating
15. 漂流 piāoliú	（动）	to go rafting
16. 景观 jǐngguān	（名）	landscape

这是一条神奇的天路

“是谁带来远古的呼唤，是谁留下千年的祈盼，难道说还有无言的歌，还是那久久不能忘怀的眷恋……”。这首歌唱的就是被称为“世界屋脊”的青藏高原。青藏高原平均海拔4000米以上，因此也被称为地球南极、北极之外的“第三极”。由于大部分山峰终年积雪，人们又称之为“雪域高原”。

青藏高原地域辽阔，总面积约250万平方公里，包括中国西藏全部和青海、新疆、甘肃、四川、云南的部分地区，以及不丹、尼泊尔、印度、巴基斯坦、阿富汗、塔吉克斯坦、吉尔吉斯斯坦等国家的部分或全部地区。

雪域高原是中华民族的源头地和中华文明的发祥地之一，古老传说中的伏羲、炎帝、烈山氏、共工氏和夏禹[①]等都是高原上的古羌人。这里的居民以藏族为主，所以形成了以藏族文化为主的高原文化。在相当长一段时间里，青藏高原交通闭塞，物流不畅，当地人只能长期固守自给自足的庄园经济。美国旅行家保罗·索鲁曾经在《游历中国》一书中写道："有昆仑山脉[②]在，铁路就永远到不了拉萨。"

为了改善高原地区的交通条件，促进当地经济发展，20世纪50年代开始修建青藏铁路。历经50余年的建设，攻克了千年冻土、高原病、生态保护等多项世界性难题，2006年7月1日，世界海拔最高、线路最长的"高原铁路"——青藏铁路全线正式通车。由于海拔高、建设难度大，加之意义重大，青藏铁路被人们形象地称为"天路"。它沿途设有85座车站，风景秀丽壮观，融合了雄伟的高山、广袤的草原和神秘的高原湖泊，不但直接连通了青海西宁和西藏拉萨，还通过铁路网线将雪域高原与各地区紧紧地联系在一起。正像《天路》[③]唱的那样："那是一条神奇的天路，把祖国的温暖送到边疆，从此山不再高路不再漫长，各族儿女欢聚一堂。"

---

① 伏羲、炎帝、烈山氏、共工氏和夏禹：传说中华夏文明史上的大神。
② 昆仑山脉：横贯中国西部的高大山脉，位于青藏高原北缘。
③《天路》：一首歌颂青藏铁路建设者的流行歌曲，2006年夏季开始流行。

[生词]

1. 远古 yuǎngǔ	（名）	ancient
2. 呼唤 hūhuàn	（动）	to call
3. 祈盼 qípàn	（动）	to pray for
4. 忘怀 wànghuái	（动）	to forget
5. 眷恋 juànliàn	（动）	be sentimentally attached to (a person or place)
6. 海拔 hǎibá	（名）	altitude
7. 终年 zhōngnián	（副）	all the year round
8. 积雪 jīxuě	（名）	snow cover
9. 源头 yuántóu	（名）	source
10. 发祥地 fāxiángdì	（名）	birthplace
11. 羌人 qiāngrén	（名）	Qiang nationality
12. 闭塞 bìsè	（形）	inaccessible
13. 固守 gùshǒu	（动）	to stick to
14. 自给自足 zìjǐzìzú	（成语）	self-sufficiency
15. 庄园 zhuāngyuán	（名）	manor
16. 攻克 gōngkè	（动）	to overcome
17. 广袤 guǎngmào	（形）	vast expanse
18. 连通 liántōng	（动）	to connect

自由自在海岛行

海南岛是中国的第二大岛，像一个椭圆形的梨，有“东方夏威夷[①]”之称。在这里，有茂密的热带雨林，珍稀的热带动物，还有漂亮的海岸线和舒适的气候。此外，还有黎族、苗族等少数民族聚居区，独特的风土人情是海南岛的另一道美丽风景。

去海南岛旅行，最大的感受就是“自由”。首先是旅行方式的多元化。在海南环岛游，可以自驾，也可以骑行，还可以乘坐高铁，都是不错的选择。

热爱旅行的小月，趁暑假和好朋友来了一场浪漫的环岛骑

① 夏威夷：北太平洋夏威夷群岛中的最大岛，因海南岛自然环境和气候条件与之相似，被称为“东方夏威夷”。

行游。她们从海口出发，经海南岛西面到三亚湾，全程 540 公里，花了 5 天时间。然后又经海南岛东面返回，回程只有 455 公里，但由于东线的风景更美，她们并不急于赶路，而是慢慢欣赏，花了 8 天才回到海口。

除了自驾和骑行之外，也有人选择坐高铁环岛游。2015 年，海南岛建成了环岛高铁，这条全世界唯一的环岛高铁成功打造了“3 小时经济圈”。坐在飞驰的高铁上，观赏窗外的椰风海韵，令人心旷神怡；下了车，又可以随时走进那海水环绕中的安静岁月和平静生活。环岛高铁，让游客们在享受现代交通便利的同时，能够自由出入于现代文明与古老家园。

旅游胜地海南岛也正在成为世人瞩目的经济中心。2020 年 6 月，《海南自由贸易港建设总体方案》出台，海南开始为全球投资者提供“一站式”服务，成为中国进一步改革开放的新型试验区。这片迷人的岛屿，将会迎来更加灿烂美好的明天。

[生词]

1. 自由自在 zìyóuzìzài	（成语）	free and easy
2. 椭圆形 tuǒyuánxíng	（名）	oval
3. 环 huán	（动）	to surround
4. 茂密 màomì	（形）	dense
5. 热带雨林 rèdàiyǔlín	（名）	tropical rainforest
6. 珍稀 zhēnxī	（形）	valuable and rare
7. 海岸线 hǎiànxiàn	（名）	coastline
8. 舒适 shūshì	（形）	comfortable

9. 少数民族 shǎoshù mínzú	（名）	minorities
10. 聚居区 jùjūqū	（名）	settlement
11. 风土人情 fēngtǔrénqíng	（成语）	local conditions and customs
12. 自驾 zìjià	（动）	self-drive
13. 骑行 qíxíng	（动）	to cycle
14. 椰风海韵 yēfēng-hǎiyùn	（短语）	wind blowing through coconut trees and sea water billowing
15. 心旷神怡 xīnkuàngshényí	（成语）	relaxed and happy
16. 岁月 suìyuè	（名）	time
17. 平静 píngjìng	（形）	peaceful
18. 方案 fāngàn	（名）	programme
19. 岛屿 dǎoyǔ	（名）	islands
20. 灿烂 cànlàn	（形）	bright

粽情四海

吃粽子是端午节的传统习俗之一。在中国，粽子有“南北”之分。北方的粽子通常是甜的，糯米中包有豆沙、赤豆、红枣等；南方的粽子则大多是咸粽，糯米中包有鲜肉、火腿、腊肉、蛋黄等各种馅料。无论是清甜可口的甜粽，还是鲜香诱人的咸粽，现在都已突破地域的限制，成为每个人都可享受到的美味。

近年来，粽子文化更是走进了大学校园。中国很多的大学为了迎接端午节，纷纷推出样式新奇、口味繁多的“创意”粽子。这些粽子只在学校食堂出售，所以被称为“校园粽”。以2020年上海校园为例，食堂师傅们开发了许多大学“专款”粽子，如复旦大学的五彩果肉粽、鲍鱼鲜肉粽，同济大学的蜜枣梅子粽、香菇鸡肉粽，上海师范大学的奶黄蜜枣粽和上海建桥学院的小龙虾粽等。五花八门的粽子馅儿体现了传统端午习俗的当代传承和发展。

此外，很多旅居世界各地的海外华人也保留着端午节吃粽子的习俗。每到农历五月初五，马来西亚华人几乎家家户户都会包粽子、吃粽子。马来西亚的粽子分为两大类——碱水粽和咸肉粽。碱水粽是用碱水泡过的糯米包成的，是甜口的，个头一般比较小，当零食吃；咸肉粽的个头则比较大，可以当正餐吃，馅料一般有香菇、栗子、咸蛋、眉豆和五花肉等。还有一种马来西亚特有的粽子——娘惹粽。娘惹粽是峇峇娘惹①饮食文化的产物。他们在继承中华民族传统文化的同时又结合当地的风俗习惯，衍生出了新的饮食文化。

无论何种口味的粽子，代表的都不仅仅是口腹之欲，更多的是对中国传统文化的传承和传播。一枚枚小小的粽子，像一张张文化名片，在纪念传统节日的同时，也将中国传统文化带向全世界。

---

① 峇峇娘惹：是早期中国移民和当地土著居民结合所生的后代，男性叫“峇峇”，女性叫“娘惹”。

[生词]

1. 豆沙 dòushā	（名）	bean paste
2. 赤豆 chìdòu	（名）	red beans
3. 红枣 hóngzǎo	（名）	red dates
4. 腊肉 làròu	（名）	preserved meat
5. 蛋黄 dànhuáng	（名）	yolk
6. 馅 xiàn	（名）	stuffing
7. 口味 kǒuwèi	（名）	flavour
8. 鲍鱼 bàoyú	（名）	abalone
9. 蜜枣 mìzǎo	（名）	candied date
10. 梅子 méizi	（名）	plum
11. 香菇 xiānggū	（名）	shiitake mushrooms
12. 奶黄 nǎihuáng	（名）	custard
13. 小龙虾 xiǎolóngxiā	（名）	crayfish
14. 五花八门 wǔhuābāmén	（成语）	all kinds of
15. 旅居 lǚjū	（动）	to reside abroad
16. 栗子 lìzi	（名）	chestnut
17. 眉豆 méidòu	（名）	blackeyed-pea
18. 口腹之欲 kǒufùzhīyù	（成语）	appetite for food and drink

星巴克的中国之路

喜欢在星巴克买咖啡，不是因为它的咖啡特别好，而是那种熟悉感。不管在世界上任何一个角落，只要看见那个熟悉的招牌，就会有一种安心感。在全球化时代，星巴克也在积极拥抱当地文化，寻找新的可能性。

比如在中国，星巴克试着迎合消费者口味，曾经推出过许多中餐食物。在每年中秋节来临之际，星巴克会推出月饼套装。2016 年的春节，星巴克还推出了“吉栗飘香白摩卡”，咖啡中包裹着栗子的甜香，令人陶醉。而“吉栗”又与“吉利”谐音，包含着美好的祝福。

中国人喜爱喝茶。早在 2010 年，星巴克就推出茶饮品，为中国顾客提供绿茶，很受欢迎。从此以后，星巴克的茶饮品种越来越多。以 2021 年春天的饮品单为例，除了绿茶之外，还有红茶，不仅将茶饮和咖啡相结合，还将具有季节性特征、很受中国人喜爱的文化元素融入茶和咖啡，营造出浪漫和诗意的春日氛围。

此外，星巴克还销售一系列具有中国风格的特色生活用品，比如随行杯、马克杯、茶具等，同样受到消费者欢迎。

在全球化时代，国际品牌如何在保持自身特色的同时与当地文化相融合，是一个很值得探讨的课题。

[生词]

1. 招牌 zhāopái	（名）	signboard
2. 安心 ānxīn	（形）	reassuring
3. 始终 shǐzhōng	（副）	always
4. 当地 dāngdì	（名）	local
5. 消费者 xiāofèizhě	（名）	consumers
6. 套装 tàozhuāng	（名）	set
7. 陶醉 táozuì	（动）	to intoxicate
8. 吉利 jílì	（形）	auspicious
9. 营造 yíngzào	（动）	to create
10. 系列 xìliè	（量）	series
11. 随行杯 suíxíngbēi	（名）	tumblers
12. 马克杯 mǎkèbēi	（名）	mug
13. 茶具 chájù	（名）	tea set
14. 全球化 quánqiúhuà	（名）	globalization
15. 课题 kètí	（名）	subject

定居大理[1]的外国人

在中国人的心目中，云南的大理，是一个浪漫的名字。那里有“风花雪月”四大名景[2]，有舒适宜人的气候，还有淳朴的老百姓。不过，许多游客只能在短暂的旅行过后，恋恋不舍地离开。可是，却有这样一些外国人，他们来自世界各地，年龄、职业、爱好各不相同，却做出了相同的决定：在大理定居。

Gil 来自法国，既是厨师，也是作家。2014 年开始，Gil 在距离大理古城不远的村庄定居下来。他很喜欢自己的住处——古朴宁静的小院子，他说这让他想起小时候生活过的地

① 大理：指云南大理白族自治州。

②“风花雪月”四大名景：指的是下关风、上关花、沧山雪、洱海月。

方。“用食物讲故事”，是Gil的愿望，他以不同国家的美食招待当地朋友，也去村民家中做客、喝茶。对Gil来说，他们就像家人一样。

来自美国的林登夫妇在大理开了一家古色古香的民宿“喜林苑”。林登说，他留在大理是因为大理有着真正的“中国精神”。他说，自己不仅想追求经济利益，更想以一种传统、温暖的方式，让世界真正体验中国，让旅行者们在享受完美的天气、美妙的风景的同时，还知道古老的文化是如何被保存下来。

在大理居住了15年的英国画家万哲生，用中文写了一本书《大理外传》，书中配了他亲手画的700多幅插图，以幽默风趣的方式记录了大理的人文、美食和自然风光。在万哲生眼中，一生中最重要的就是“老地、老伴和老友”，而这些，大理都有。

[生词]

1. 宜人 yírén	（形）	pleasant
2. 淳朴 chúnpǔ	（形）	simple and honest
3. 老百姓 lǎobǎixìng	（名）	ordinary people
4. 短暂 duǎnzàn	（形）	short
5. 恋恋不舍 liànliàn-bùshě	（成语）	be reluctant to part with
6. 古朴 gǔpǔ	（形）	quaint
7. 招待 zhāodài	（动）	to entertain
8. 做客 zuòkè	（动）	to be a guest

9. 古色古香 gǔsègǔxiāng	（成语）	be of antique beauty
10. 民宿 mínsù	（名）	guesthouse
11. 利益 lìyì	（名）	benefits
12. 体验 tǐyàn	（动）	to experience
13. 配 pèi	（动）	to be with
14. 绘制 huìzhì	（动）	to draw
15. 插图 chātú	（名）	illustration
16. 风趣 fēngqù	（形）	witty
17. 人文 rénwén	（名）	culture
18. 风光 fēngguāng	（名）	scenery

我家大门常打开[①]

隆冬时节，“双奥之城”北京的街头，“冰墩墩”“雪容融”格外抢眼。经过2000多个日夜的精心筹备，北京冬奥会如期举行，约90个国家和地区的近3000名运动员同场竞技。

从2008到2022，从北京到北京，奥林匹克再度携手中国。

“双奥之城”，闪烁着一座城市的耀眼荣光，更承载了一个民族的壮阔胸怀和高远追求。

成功举办北京冬奥会、冬残奥会，不仅可以增强我们实现中华民族伟大复兴的信心，也给世界展现了阳光、富强、开放、充满希望的国家形象，增进各国人民对中国的了解和认识。正如习近平总书记所言，北京冬奥会不仅是一场体育盛会，更折射出中国推动构建人类命运共同体[②]的价值追求。

基于共同进步的良性竞争是人类进步的力量。体育是竞争，但这种竞争引导人类不断突破身体极限，让人类更加健康、阳光、积极、乐观，正与人类命运共同体的题中之义不谋

---

① 素材来源：关国平《冰雪胸襟映照人类命运》，首发于《光明日报》。

② 人类命运共同体：由中国提出来的理念和倡议，旨在追求本国利益时兼顾他国合理关切，在谋求本国发展中促进各国共同发展。这一理念已写入联合国大会一委决议。

而合。

合作共赢，携手进步，不仅是人类命运共同体理念的担当，也是奥林匹克价值观的主张。历届奥林匹克，有合作，也有竞争。合作并不排斥竞争，竞争不是把哪一方打败，而是通过一种良性向上的互动来增进共同福祉。

100年前，国人曾有过这样振聋发聩的提问："何时能使万国运动大会举行于中土？"百年之后，中国以实力做出了响亮的回答。风雨百年，奥运是世界感知中国发展的一面镜子。

［生词］

1. 隆冬 lóngdōng	（名）	midwinter
2. 格外 géwài	（副）	especially
3. 抢眼 qiǎngyǎn	（形）	eye-catching
4. 筹备 chóubèi	（动）	to prepare
5. 竞技 jìngjì	（名）	competition
6. 再度 zàidù	（副）	again
7. 携手 xiéshǒu	（动）	to work together
8. 耀眼 yàoyǎn	（形）	dazzling
9. 胸怀 xiōnghuái	（名）	mind
10. 复兴 fùxīng	（动）	to revive
11. 折射 zhéshè	（动）	to reflect
12. 盛会 shènghuì	（名）	grand occasion
13. 良性 liángxìng	（形）	healthy
14. 引导 yǐndǎo	（动）	to guide

15. 极限 jíxiàn	（名）	limits
16. 不谋而合 bùmóuérhé	（成语）	happen to have the same view
17. 排斥 páichì	（动）	to exclude
18. 福祉 fúzhǐ	（名）	well-being
19. 振聋发聩 zhènlóngfākuì	（成语）	to enlighten the benighted

大自然的慷慨馈赠——醉美漓江

人们常说“桂林山水[①]甲天下，阳朔山水甲桂林”。阳朔山水最有代表性的就是漓江，故有“桂林美，最美美在漓江水”之说。漓江山色之美，美在倒影；漓江倒影之美，尤以黄布滩倒影最为迷人，可以说是漓江山水浓缩的精华。

第五套人民币二十元纸币背面图案就是漓江著名景点——黄布滩倒影。画面中，江流清澈，重重峰峦倒映水面，一位渔夫乘着木筏，撑着长篙，在如诗如画的山水中穿行。唐诗名句“舟行碧波上，人在画中游”，大抵说的就是这种境界吧。

---

① 桂林山水：是对桂林旅游资源的总称。

漓江四季有着不同的美和韵味。

春天，丝丝细雨飘洒在江面上，层层叠叠的山峦像害羞的少女，在绵绵的云雾里若隐若现。潮湿的空气、淡淡的花香、清新的泥土，和着略带咸味的江水，氤氲着漓江春天的味道。

夏天，漓江披上了碧绿的衣裳。青山背倚湛蓝的天空，拥着碧绿的江水。江水晶莹剔透，在阳光下闪耀着翡翠的光芒，两岸山峰奇特峻峭，随着天气的变化，变幻为一幅幅风格不同的水彩画。

秋天，江边的渔民带上他们的“工友”——鸬鹚，一起出来捕鱼。日落时分，漓江亮起星星点点的渔火，渔民踩着竹筏，撑一支竹桨，吱呀呀地顺着江水缓缓前行，阵阵渔歌回荡在黄布滩。

冬天，漓江过了丰水期，清晨的第一缕阳光穿过山谷，洒在江面上，清澈的江水似金色的绸带，蜿蜒缠绕在两岸袒露的石滩上。微风拂过平静的江面，泛起阵阵涟漪，偶尔一、两声鸟鸣在山谷中回响。

以漓江为代表的桂林山水，向世人展示着令人叹服的自然之美。2014年以桂林为首的中国南方喀斯特第二期项目入选世界自然遗产名录[①]。

---

① 世界自然遗产名录：联合国教科文组织为保护世界各地的自然遗产而颁布的名录。

[生词]

1. 慷慨 kāngkǎi	（形）	generous
2. 清澈 qīngchè	（形）	limpid
3. 峰峦 fēngluán	（名）	ridges and peaks
4. 木筏 mùfá	（名）	raft
5. 长篙 chánggāo	（名）	a long boat pole
6. 大抵 dàdǐ	（副）	approximately
7. 层层叠叠 céngcéngdiédié	（短语）	layer upon layer of
8. 氤氲 yīnyūn	（形）	filled with
9. 倚 yǐ	（动）	to lean against
10. 湛蓝 zhànlán	（形）	azure
11. 翡翠 fěicuì	（名）	jadestone
12. 峻峭 jùnqiào	（形）	(mountains) high and steep
13. 鸬鹚 lúcí	（名）	cormorant
14. 渔火 yúhuǒ	（名）	lights on fishing boat
15. 回荡 huídàng	（动）	to resound
16. 蜿蜒 wānyán	（动）	to wriggle
17. 缠绕 chánrào	（动）	to twine around
18. 涟漪 liányī	（名）	ripple

昆曲：中国戏曲艺术的瑰宝

“原来姹紫嫣红开遍，似这般都付与断井残垣，良辰美景奈何天，赏心乐事谁家院。”这段凄美动人的唱词出自汤显祖[①]的昆曲名段《游园惊梦》，许多人对此都耳熟能详。

昆曲是中国传统戏曲中最古老的戏曲声腔、剧种之一，也称“昆山腔”“昆腔”“昆剧”，被誉为戏曲百花园中的一朵“兰花”。昆曲14世纪发源于苏州昆山，后来走向全国，明代

① 汤显祖：明代著名戏曲家、文学家，是中国古代戏剧四大家之一。

中叶以来在中国剧坛独领风骚。它于 2001 年入选联合国教科文组织首批“人类口头和非物质文化遗产”，2006 年入选第一批国家级非物质文化遗产名录。

昆曲在中国戏曲史上具有承前启后的地位，因此也被称为“百戏之祖”“百戏之师”。中国很多地方剧种都是在昆曲的基础上发展而来的，由于昆曲具有中国戏曲典型的艺术特征，同时受到吴文化的深刻影响，因此形成了歌舞并重、优美典雅等独特的艺术风格。

首先，昆曲抒情性强，歌和舞的结合巧妙和谐。昆曲是歌、舞、引、白等各种表演手段相互配合的综合艺术。在漫长的发展过程中，逐步形成了载歌载舞的表演特色，人物角色的表演形象生动，舞蹈动作与歌词所表达的内容和情感有机融合。由于说唱和舞蹈相结合，因此创造了许多故事性很强的折子戏①。

其次，昆曲的唱腔也独具特色，因为昆曲是由吴中地区发展起来的，所以它的念白和唱腔都带有一些吴侬软语②的鲜明特点，念白轻清柔美，唱腔软糯细腻。有的调子非常迂缓，一个字甚至可以拖长唱到十几拍。唱腔整体带有软糯婉转和舒缓绵远的艺术特点。这种唱腔跟江南人常吃的糯米汤圆有些相似，因此也被称为“水磨调”。

---

① 折子戏：对全本戏中故事情节相对完整、人物形象鲜活生动的“一出戏”或“一折戏”的称法。

② 吴侬软语：一般用来说明苏州一带吴方言软糯婉转的语言特点。

[生词]

1. 昆曲 kūnqǔ	（名）	one kind of Chinese traditional opera
2. 姹紫嫣红 chàzǐyānhóng	（成语）	beautiful flowers of brilliant purples and reds
3. 断井残垣 duànjǐngcányuán	（成语）	the wells are dry and the fences are dilapidated
4. 良辰美景 liángchénměijǐng	（成语）	a beautiful scene on a good day
5. 耳熟能详 ěrshú-néngxiáng	（成语）	to be familiar with
6. 独领风骚 dúlǐngfēngsāo	（成语）	to take the lead
7. 承前启后 chéngqiánqǐhòu	（成语）	to link the past with the future
8. 抒情 shūqíng	（动/形）	express one's emotion
9. 引 yǐn	（名）	prologue
10. 白 bái	（名）	monologue
11. 载歌载舞 zàigēzàiwǔ	（成语）	singing and dancing joyously
12. 折子戏 zhézixì	（名）	highlights from operas
13. 吴侬软语 wúnóngruǎnyǔ	（名）	a parlance for Suzhong dialect
14. 软糯 ruǎnnuò	（形）	warm and mellow sound
15. 细腻 xìnì	（形）	delicate
16. 迂缓 yūhuǎn	（形）	gently and slowly
17. 糯米 nuòmǐ	（名）	glutinous rice

编写后记

本书是2021年立项的教育部中外语言合作交流中心重点项目"'悦读中国'文化教学资源建设与服务平台开发"的阶段性成果。由曹秀玲、李文浩、刘春光、王小平、张巍等五位老师共同完成，分别负责民生、教育、科技、文化和经济等五个板块。全书由曹秀玲负责统稿。

本书面向国际中文教育实际需求，以讲故事的形式向国际学生介绍当代中国在民生、教育、科技、经济和文化等方面取得的建设成就，以及在中国改革开放进展中因学习中文而与中国结缘的普通人的故事，使国际学生了解真实、立体、全面的中国形象。

本书可作为"中国国情"或"中国概况"课程的教材或参考书，教学对象为具有较高汉语水平的国际学生或者海外华文学校的学生。课文中的生词主要是HSK5级或HSK6级词汇，也适当收入近年出现的一些网络新词和新表述，从而帮助国际学生更好了解当代中国和汉语近年的新变化。本书按照18周教学进行设计，每周5篇或6篇课文，可以选读、选讲，也可以教师讲授和学生自主学习、讨论相结合。还可以作为国际学生自学汉语、了解当代中国的课外读物。

本书中的课文素材取自报刊上的报道或网站信息，经改写而成；有些素材是根据真人真事写就的故事。课文中出现的图片有些为编写者自摄，有些为美编自行绘制，还有些经原作者和肖像权持有者授权使用。感谢相关作者和人员对本教材给予的慷慨帮助。教材在编写过程中得到陈萌和王文两位女士的大力支持。课后生词英文对译经香港浸会大学杨素英老师审订。谨此一并真诚致谢！

最后，由于参加教材编写的几位老师日常工作比较繁忙，编写工作只能断断续续进行，加之当代中国社会生活各领域发展迅速，出版之时很多现象可能就已经“不合时宜”，书中错误和问题也一定不少，敬请读者批评指正。

曹秀玲

2024 年 4 月

图书在版编目(CIP)数据

悦读中国 / 曹秀玲主编. —上海：学林出版社，
2023
ISBN 978-7-5486-1932-1

Ⅰ. ①悦… Ⅱ. ①曹… Ⅲ. ①汉语－对外汉语教学－
语言读物 Ⅳ. ①H195.5

中国国家版本馆CIP数据核字(2023)第099183号

责任编辑 王思媛
封面设计 孙 娌
插画绘制 王未蔚

悦读中国
曹秀玲 主编

出 版 学林出版社
（201101 上海市闵行区号景路159弄C座）
发 行 上海人民出版社发行中心
（201101 上海市闵行区号景路159弄C座）
印 刷 上海雅昌艺术印刷有限公司
开 本 890×1240 1/32
印 张 8.625
字 数 19万
版 次 2024年5月第1版
印 次 2024年5月第1次印刷
ISBN 978-7-5486-1932-1/G·744
定 价 88.00元